혐오를 혐오하다

혐오를 혐오하다

지은이 김용민
펴낸이 임상진
펴낸곳 (주)넥서스

초판 1쇄 발행 2019년 10월 10일
초판 2쇄 발행 2019년 10월 15일

출판신고 1992년 4월 3일 제311-2002-2호
10880 경기도 파주시 지목로 5 (신촌동)
Tel (02)330-5500 Fax (02)330-5555

ISBN 979-11-6165-746-2 03300

가격은 뒤표지에 있습니다.
잘못 만들어진 책은 구입처에서 바꾸어 드립니다.

이 도서의 국립중앙도서관 출판예정도서목록(CIP)은 서지정보유통지원시스템
홈페이지(http://seoji.nl.go.kr)와 국가자료공동목록시스템(http://www.nl.go.kr/
kolisnet)에서 이용하실 수 있습니다. (CIP제어번호 : CIP2019037013)

www.nexusbook.com

우리 시대의 키워드가 된 혐오

혐오를 혐오하다

김용민

지식의숲

| 일러두기 |

· 본문 성서 인용 부분은 대한성서공회의 새번역을 사용했으며, 다른 번역본을 인용한 경우 별도 표기했다.
  단, 맞춤법 및 띄어쓰기는 '한글맞춤법'에 따라 통일했다.
· 외국 인명·작품명은 국립국어원 외래어표기법을 따르되 몇몇 경우는 관용적 표기를 따랐다.
· 잡지나 책은 《 》로, 단편 글이나 노래, 매체 등은 〈 〉로, 기사는 따옴표로 표기했다.
· 괄호 속 서지사항에 출판사 없이 출간연도만 표기된 경우, 원서의 초판 출간연도를 의미한다.

1부

우리 시대 민낯, 혐오와 차별

너희는
너희에게 몸붙여 사는 나그네를 학대하거나
억압해서는 안 된다.
너희도 이집트 땅에서 몸붙여 살던 나그네였다.
너희는
과부나 고아를 괴롭히면 안 된다.
너희가 그들을 괴롭혀서,
그들이 나에게 부르짖으면,
나는 반드시 그들의 부르짖음을 들어주겠다.

출애굽기 22장 21–23절

우린 모두 난민이었다

미국에 이주해 있지만 항상 불안한 사람들이 있다. 이른바 불법 체류자들이다. 물론 그들도 입국을 시도할 때엔 닥쳐올 온갖 차별과 냉대를 예상했을 것이다. 하지만 거기도 사람 사는 세상이겠거니, 떠나온 나라보단 덜 고통스럽겠거니 하며 감수한다. 이들은 필경 나그네다.

미국에서 발행하는 교회 언론 〈뉴스M〉 기사다.

미국에서 한국인들은 나그네다. 합법적인 나그네도 있지만, 불법적인 나그네가 더 많다. 미국에 사는 한국인은 나그네의 설움을 누구보다 잘 이해할 수 있을 법하다. 동병상련이라고 하지 않는가. 그런데 현실은 전혀 '아니올시다'다. 형편 조금 나은 나그네가 형편 조금 더 나쁜 나그네를 무시하고, 짓밟고, 괴롭히는 모습을 너무 쉽게 보게 된다. 미국의 한국 나그네가 운영하는 업소에서 일하는 남미 나그네나 중국 동포 나그네의 공통점은 얼굴 표정이 무척 어둡다는 것이다. 그리고 주인이 다니는 교회는 절대 같이 안 다닌다는 것이다. 교회와 가게에서 전혀 딴판인 주인의 두 얼굴 보는 것이 얼마나 괴로우면 그럴까.

물론 스스로 나그네 처지면서 같은 나그네를 돕는 한국인이 있을 것이다. 그러나 아주 작은 '나쁜 짓' 사례가 전체의 이미지를 먹칠하곤 한다. 사실 미국에 있는 나쁜 한국인 나그네만 문제인가. 한국에 들어온 불법 체류자를 고용하곤 그 체류자가 갖는 두려움 즉 추방되는 것에 대한 두려움을 이용해 저임금에 착취를 서슴지 않는 사람들도 있다.

이방인과 나그네

성경은 나그네를 박대하지 말라고 못 박고 있다. 그런데 〈마태복음〉만이 아니다. 구약부터 면면이 내려온 말씀이다.

나는, 맥락과 정신을 무시하고 성서에 나온 것이라면 무조건 '이게 진리요'라고 맹신하지는 않는다. 왜 이 말씀이 나왔는가 하며 돌아본다. 그리고 이 말씀에 담고자 했던 성서 기자의 중심을 헤아리려 한다. 물론 성서를 해석하는 사람의 안목과 견문의 깊이에 따라 해석하는 바가 다를 수 있다. 그러나 해석할 여지가 없게 그 뜻이 명약관화하고 일관되고 거듭된 메시지가 펼쳐진다면 나는 의심치 않고 하나님의 뜻으로 받아들인다. 그중에는 나그네를 박대하지 말라는 것이 있다.

어쩌다 한 번 나온 말씀, 그것도 특정한 상황에 한정된 메시지, 〈로마서〉 13장 1절 "위에 있는 모든 권세들에게 복종하라"(개역개정)의 경우 통시적으로 적용될 수 없는 메시지다. 그건 로마에 간 이주자에게 바울이 안전을 당부한, 일과적 메시지일 뿐이다.

이방 나그네를 압제하지 말라는 〈출애굽기〉 22장과 23장, 거류민을 사랑하라는 〈레위기〉 19장, 이방인과 고아, 과부를 박대하지 말라는 〈예레미야〉 7장, 나그네를 사랑하라는 〈신명기〉 10장, 고아와 과부의 보호자된 하나님을 일러주는 〈시편〉 68편, 나그네를 붙들어 보호하시는 하나님을 보여주는 〈시편〉 146편, 과부와 고아와 나그네와 궁핍한 자를 압제하지 말라고 당부하는 〈스가랴〉 7장, 이방인의 하나님되심을 가르쳐주는 〈로마서〉 3장, 교회 지도자의 자격으로 나그네를 대접해야 함을 거론하는 〈디도서〉 1장을 보라.

물론 구약성서 안에는 외국인 즉 이방인과 선을 그으라는 분부도 있다. 여기서 말하는 이방인은 누구일까? 포로 상태에 놓여 있는 이스라엘 백성을 지배하는 이방인이다. 이 이야기는 그래서 지배자 지위의 이방인이 아무리 가혹하게 압제해도 피지배자인 이스라엘 백성은 야훼 신앙을 잃지 말라는 분부에서 나온다. 피지배자 된 나그네에 대한 차별을 정당화하는 맥락이 아니다.

언저리의 하나님

〈뉴스앤조이〉에 실린 성공회 자캐오 신부의 글('혐오와 차별, 소외와 착취 조장하는 성서 해석은 가짜' 2017. 5. 23)에서 알게 된 두 책이 있다. 우선 성공회 신학자 마커스 보그의《오늘의 나그네》이다. "사회구조와 일상 관계 속에서 언저리로 밀려난 상대적 약자나 사회적 소수자"라고 언급한 부분. 그 나그네는 다른 나라 국적만이 아닌, 빈곤과 불평등, 소외의 문제에 직면한, 그래서 우리 사회에서 주류의 범주 안에 들지 못한 사람들을 모두 일컫는다고 했다.

또 한 권. 케네스 리치의《하나님 체험》(청림, 2011)에는 "우리 사회에 존재하는 비인간적이고 반인간적이며 불경한 세력을 목도하는 것은 가난한 사람을 통해서다. 그래서 가난한 사람은 우리에게 공의를 요구하는 하나님의 부르짖음을 들려주는 역할을 하고, 하나님 나라가 가져오는 심판의 징표이기도 하다. 가난한 사람을 돌보는 일과 그들의 울부짖음을 들을 능력이 없으면, 하나님에 대한 참 지식에 도달할 수 없다. 또한 하나님이 가난한 사람과 낮은 사람의 편이라는 사실도 알아야 한다"라고 적혀 있다고 했다.

그렇다. 이 사회의 나그네가 누구인지 주류의 세계에서 배제된 이들이 누구인지 교회와 교인은 끊임없이 관찰해야 한다. 그리고 그들을 돕고 더러는 대신 싸울 수 있어야 한다. 그것이 일말의 해석의 여지를 주지 않는 신구약을 관통하는 하나님의 온전한 뜻이다.

2017년 여름, 제주에 난민들이 대거 들어왔다. 난민 문제에 관해 우리 사회에 다양한 의견들이 있다. 난민을 받아들일 수 없다는 주장에도 많은 고민이 내재됐을 것이다. 그러나 난민을 끌어안자는 주장에 대해서 '낭만적 견해'라느니 하는 말로 막연히 비난만 하지 않았으면 한다. 난민을 발 벗고 나서 돕는 제주의 한 목사가 숱한 악플을 받았던 모양이다. 나는 당시 페이스북에 "종교인은 우리 사회 한구석에서 어려운 이웃은 물론, 극악한 범죄자마저 인간으로 예우하며 끌어안을 사명을 짊어지고 있습니다. 냉정하고 엄밀하게 난민 문제를 다루는 이들이 있다면, 정처 없는 이들의 아픔에 감수성 어린 시선으로 바라보는 이들도 있어야 합니다. 그래야 사회 아니겠습니까?"라고 글을 남겼다.

그런데 누군가가 그들을 지목하며 "순수한 난민이 아니다"라고 말한다. '순수한 난민'은 또 누구인가? 예전에 몸담았던 직장은 '순수복음방송'을 자처했다. 그 이야기는 '불순 복음방송'이 있다는 말이기도 하다. 세상 가요 틀고 뉴스 전하는 '경쟁 개신교 방송' CBS를 겨냥한 것이다.

순수와 불순, 이런 이분법적 사고는 기독교의 건강성을 강화했나. 그래, 그렇게 순수를 강변하는 교회는 정말 순수해졌나. 구조악에 대해 단호하고, 성결 윤리를 누구보다 앞서서 숭상했던가. 그래서 실천으로써 열매 맺었나. 반대로 세상과 담 쌓고 그 안에서만 융통하는 그래서 끝내 썩는 복음이 되지는 않았던가. 때가 묻더라도, 민중 속으로 소똥 같은 거리로 사랑 안고 다가가서 실천해야 하는 소명을 망각하지 않았나.

우리 사회에 던져진 문제

여러 이유로 제주의 난민을 돕기 원치 않는 사람도 있을 것이다. 나 또한 내가 속한 공동체에 대등한 자격으로 들어오려는 사람에 대해 일정한 경계심을 느낀다. 나라고 특별히 출중한 인류애를 가진 게 아니다. 난민에 대해 나쁜 감정을 가질 DNA는 충분히 내재하고 있다. 배타심과 자기 보호본능은 인지상정이다. 다만 난민들 중에 가짜가 있고 불순이 있다는 비난을 더하지는 말기 바란다. 내가 보태지 않아도 충분하거니와, 하나님은 피치 못할 사정으로 자기 살던 곳을 떠난 궁박한 이들마저 순수한 나그네 불순한 나그네로 나누지 않는다.

윤세관 당시 한국기독교장로회 총회장은 2018년 6월 22일, 특별서신을 통해 이런 말씀을 했다.

최근 제주도 내 예멘 난민들에 대한 혐오와 반대의 청원은 그들이 처한 현실을 제대로 이해하려 하기보다는 잘못된 정보와 낯선 자에 대한 막연한 두려움에 기인한 차별과 혐오의 시선입니다.

오랜 내전으로 황폐해진 고국, 죽음의 위협이 일상적인 고향 땅을 떠나 이곳까지 온 그들의 고통을 이해하고 위로하는 것은 그리스도인의 당연한 일입니다. 법과 제도의 정비가 필요하기도 하지만 그보다 우선해야 할 것은 인도적 지원과 희망을 가지고 살 수 있도록 돕는 일입니다.

강대국들의 냉혹한 이해관계 속에서 폐허가 되어 버린 자신들의 땅을 떠나 세계 곳곳으로 목숨을 건 탈출을 시도한 그들에게 따뜻한 환대와 사랑의 손길을 내밀어야 합니다. 차별과 혐오의 시대를 넘어 평등과 포용의 성숙한 가치가 가득한 세상을 위하여 헌신해야 합니다.

김형민 SBS CNBC PD가 2018년 6월 20일 〈뉴스톱〉 등 인터넷신문과 자신의 페이스북에 올린 '문재인 대통령도 난민의 자식이었다'는 글이다.

2010년 7월 5일 거제도 일운면 사무소에 난데없는 수건 한 박스가 도착했다. 수건과 함께 보내온 편지에는 발신자의 사연이 담겨 있었다. 보낸 사람은 나이 고희를 헤아리는 형제였다. 6.25 때 열세 살, 열 살의 형제는 부모와 떨어져 피난선에 올라타 거제도에 떨어진 후 어른도 없이 고달픈 나날을 보내며 어머니를 찾고 있었다. 그런데 어느 날 일운면

사무소 앞에서 배를 움켜쥐고 주저앉아 버렸다고 한다. 그때 지켜보던 면사무소 직원이 다가섰다. '느그 피난 왔제? 아부지 어무이는 어디 계시노?' '같이 아이 왔슴다. 어드메 있는지는 알 수 없슴다.' '밥들은 언제 묵었노?' 그때 동생이 찢어질 듯 울기 시작했다. 더 이상의 대답이 필요 없던 공무원은 호주머니를 털어 500환을 건넸다고 한다. '죽이라도 사 묵고 기운차리라.' 그리고 형의 어깨도 두드려 주었으리라. '어머니 오실 때까지 동생 잘 건사해야 할 거 아이가.'

거제도 피난민 형제가 이름 모를 공무원에게 은혜를 갚기 위해 면사무소에 보낸 수건 한 박스. 그 500환의 은혜를 형제는 평생 잊지 못했다. 그리고 '죽기 전에 은혜라도 갚기 위해' 수건 서른 장을 면사무소에 보낸 것이다. 비록 이름도 모르고 성도 몰라 그 공무원에게 보내지는 못하지만 당신의 500환이 우리를 살렸다는 의미로 자기들 이름까지 박아서 말이다. 사람이 사람에게 전하는 따뜻함, 가슴속 깊숙한 곳에 불어넣은 훈기는 세월이 가도 가시지 않는다.

또 전혀 뜻하지 않은 역사를 창출하기도 한다. 흥남 부두에서 탈출하여 수송선에서 죽을 고생을 하다가 겨우 육지에 상륙해서 거제도에 겨우 발을 붙인 젊은 부부 사이에서 태어난 아들이 바로 대한민국 제19대 대통령 문재인이다. 문재인 대통령은 '난민'의 자식이었다. 오늘 제주도에서 불안한 밤을 보내고 있을 난민들의 자식 가운데 어떤 인물이 나올지 누가 알겠는가.

그렇다. 비단 제주난민만이 아니다. 탈북자도 그렇다. 적어도 그들은 살기 위해 온 것이다. 누구나 지탄하는 범죄를 저질러놓고 도망한 것이 아니라면. 그들을 하나님이 우리에게 부탁하신 사람이라고 생각해야 한다.

주목할 만한 여론조사 결과가 나왔다. 〈리얼미터〉가 6월 20일, 제주를 뺀 전국 성인 500명을 대상으로 난민 수용 여부에 대해 조사한 것을 보면, 반대 49.1%, 찬성은 39%였다. 전국적으로도 반대가 더 앞섰다. 다만 딱 한 군데서만 찬성이 앞섰다. 광주와 전라도였다. 찬성 50.7 대 반대 39.6. 표본수는 적으나 난민들 처지에 광주 전라도가 더 공감했다고 봐야 할 것이다. 그들은 광주민주화운동으로 아니, 그 이전부터 고약한 지역감정으로 '내국인' 난민 신세였다. 그러니 난민에게서 감수성을 느낀 것이라 해야겠다.

1989년 문익환 목사가 김일성 북한 주석을 끌어안자 일각에서는 어떻게 목사가 전범을 끌어안느냐고 질타했다. 그러자 문 목사 어머니 김신묵 여사는 이렇게 말했다. "목사가 김일성을 끌어안지 않으면 누가 끌어안느냐." 그렇다면 교인이 돕지 않으면 난민을 누가 돕겠냐는 말도 가능하겠다.

자기 살던 곳을 떠나온 고난받는 이들을 끌어안는 종교인, 또 종교인은 아니더라도 난민의 아픔에 깊은 감수성을 가진 사람, 그들을 이 시대 살아서 움직이는 하나님의 손과 발이다.

사랑에는 두려움이 없습니다.
완전한 사랑은 두려움을 내쫓습니다.
두려움은 징벌과 관련이 있습니다.
두려워하는 사람은
아직 사랑을 완성하지 못한 사람입니다.
우리가 사랑하는 것은
하나님이 우리를 먼저 사랑하셨기 때문입니다.
누가 하나님을 사랑한다고 하면서,
자기 형제자매를 미워하면,
그는 거짓말쟁이입니다.
보이는 자기 형제자매를 사랑하지 않는 사람이
보이지 않는 하나님을 사랑할 수 없습니다.
하나님을 사랑하는 사람은
자기 형제자매도 사랑해야 합니다.
우리는 이 계명을 주님에게서 받았습니다.

요한1서 4장 18-21절

차마 동성애는 용서 못한다 말하기 전에

"하나님은 사랑이심이라"(요한1서 4:8, 개역개정) 한 대형교회가 강단쪽 벽에 크게 붙인 계명이기도 하다. "하나님은 사랑"이시긴 한데 뒤집어 "사랑은 곧 하나님이시라"라고 한다면?

결이 다르다. "하나님은 사랑이시라"라고 하면 대개 '기독교의 신인 하나님은 사랑이 참 많으시다'라고 생각하게 된다. 그런데 "사랑이 하나님"이라고 하면, 사랑을 하나님으로 여기게 되는 것이다. 그렇게 사랑이 하나님이라면 우리는 남을 미워하려야 할 수 없다. 동성애자, 난민, 타종교인, 정치적 반대자마저 사랑해야 한다. 그들을 도무지 사랑할 수 없다? 사랑이 하나님인데? 그러면 하나님을 부정하는 것이다.

과하다고 보는가. 하나님은 사랑인데, 그 사랑이 때때로 가변적이고 선택적이기를 바라는가. 싸우기 좋아하고 몰살시키라고 하는 그런 본성을 (남발하지는 않더라도) 보유하고 있어야 안심하게 되는가. 이건 하나님을 자기 소유물 즉 도구로 여기는 심보다. 이렇듯 하나님을 자기 욕망과 기호에 맞추려는 독선은 흔하다. "(목사인) 나한테 잘하면 하나님은 너에게 복 준다"라고 억지 부리는 일부 목사의 사고방식 그대로다.

따지고 보면 사랑 못할 이유도 대상도 없다. 우리가 하나님을 닮아 마음속에 남아 있는 게 사랑밖에 없다고 선언하고 실천할 때 우리는 제대로 믿는 것이다. 봇물 터져버린 혐오 문화, 이를 극복하지 못하면 이는 곧 우리를 집어삼킨다.

본질이 사라진 교회

남자아이를 장래의 성추행범이라고 단정하고는 '한남 유충'이라고 명명하는 이른바 워마드. 이것은 여성 인권도 아니고 여성 혐오 퇴치도 아닌 남성 혐오다. 지난 세월 일간베스트저장소(일베)에서 여성·성소수자·장애인·특정지역 출신을 혐오한 것과는 완전히 다른 양상이긴 해도. 그런데 적잖은 여성운동가는 이를 방치, 묵인 혹은 옹호하면서 '남혐'의 외연 확장에 기여했다.

사회연대노동포럼 오세라비 공동대표는 〈서울신문〉 인터뷰에서 이렇게 질타한다. "남성 혐오 놀이를 일삼는 엽기 사이트로 시작한 메갈리아 사이트가 심각한 병리 현상으로 가는 과정에 굵직한 여성단체와 정치권 그리고 문화 권력을 지닌 매스컴 식자층과 언론의 엄호가 있었다.” “페미니즘이 휴머니즘에서 시작한 점을 다시 기억하길 바란다. 지금 여성은 페미니스트가 되기보다 휴머니스트가 돼야 한다”라고.

〈요한1서〉는 〈요한복음〉을 쓴 사람과 같을 것으로 추정된다. 편지 형식인 성서 본문은 사랑의 실존으로서 예수를 증언하고 있다. 그 이유가 있다. 당시 교회 안에서는 예수가 하나님의 아들이긴 하지만 사람의 몸으로 와서 고난을 겪고 죽었다는 점을 인정하지 않는 가현설(假現說)이 번지고 있었다. 가현설을 퍼뜨리는 사람은 다름 아닌 영지주의자였다. 그들은 물질과 육신을 혐오했다. 그래서 그 예수가 허깨비였을 뿐 육신으로 세상에 왔다는 것을 인정하지 않았다.

짐작인데 〈요한1서〉를 쓴 요한은 교회가 껍데기만 남고 본질이 사라졌다고 판단한 것 같다. 사랑이 없는 교회는 〈고린도전서〉 13장에 적힌 대로 나쁜 것만 남는다. 사랑이 없어지면 교회 안에서는 자랑하고 시기하고 교만하고 무례하고 자기 유익을 구하고 성내고 원한을 품는 이들로 넘쳐난다.

영지주의 소동은 그런 맥락에서 고갈된 사랑의 단면으로 해석함이 옳다. 영지주의자 중에는 지식인이 많았다. 이들은 허깨비를 믿는다며 평범한 신자를 비웃었다. “예수가 꼭 육신을 입고 진짜 사람으로 와서 죽고 부활해야 믿느냐, 이 무식한 인간들아. 나 봐, 그게 없어도 믿는 신앙 아니야?”라며. 이러면 교회는 깨진다. 그래서 어떤 교회 공동체가 내분을 만난다면 여러 원인을 찾을 필요가 없다. 사랑이 없어졌다, 이것으로 충분히 설명된다. 본문 중 핵심은 "완전한 사랑은 두려움을 내쫓습니다. 두려움은 징벌과 관련이 있습니다. 두려워하는 사람은 아직 사랑을 완성하지 못한 사람"(18절)이라는 부분이다. 왜 현대인은 남을 혐오할까. 대화 안 나눈 정도가 아니라 직접 본 적도 없는데도. 맥락이 빠진 몇 마디 SNS 글 정도인데, 일개인의 인생을 통째로 부정할까. 두려움 때문이다. 난민, 동성애자, 이슬람교인을 향한 두려움의 밑바닥에 '난민을 돕다가 그가 살인 강도범으로 돌변할까봐' '내 아이가 동성애자로 물들게 될까봐' '내 아이가 IS가 될까봐'가 있는 것이다. 이런 밑도 끝도 없는 혐오를 방치하면 병균이 확산되듯 또 다른 혐오가 잉태된다. 그 두려움 때문에 누군가를 혐오하면 혐오당한 그들은 가만히 있겠나. 굴복하지 않는다.

사랑이라는 명령

두려움을 극복하는 방법으로 사랑이 꼽힌다. 난민에게 사랑을 베풀어보라. 그들이 폭력으로 답할 것이다? 그런 추정에는 아무런 근거가 없다. 외국인 노동자 범죄수가 내국인보다 많은가? 아니다. 물론 강력범죄 비율이 높다는 통계도 있다. 언어가 익숙하지 않고 인적 네트워크가 결여된 상황에서 외국인 노동자의 강력범죄 비중이 큰 것은 어쩌면 자연스럽다. 외국에 있는 한국인 피의자는 다를 것 같은가? 외국인 범죄를 줄이는 가장 확실한 방법은 추방으로 겁박하지 않고 또한 착취하지 않는 것이다. 즉 사람답게 예우하는 것이다. 물론 이주 노동자, 난민을 가장한 테러리스트가 없으리라는 법은 없다. 그래서 피해를 입는다면 매우 큰 낭패일 수 있다. 그런다고 '사랑'을 강조한 예수의 정신은 달라지지 않는다. 십자가형이라는 테러를 당하면서도 가해자를 안타까워했던 그 정신 말이다.

손양원 목사 간증을 이 대목에서 예화로 소개한다. 자식을 해치려 한 자를 양자로 받아들인 사건의 주인공으로 말이다. 사실 이만한 용서와 사랑은 없다. 그러나 우리는 여기서 손양원 목사를 추앙하는 것에 더해, 손 목사 가족을 해친 '빨갱이'에 대한 적개심이 부산물로 따라오는 것을 경계해야 한다. 손 목사가 이유도 맥락도 없는 악, '빨갱이'로 인해 자식을 잃었는가? 여수순천사건의 진실 규명은 그래서 중요하다. 이 사건에서 기독교인의 범죄사를 규명한 최태육 목사는 목원대학교 박사학위 논문에서 "수천 명의 민간인들이 (기독교인에 의해) 정말 억울하게 희생"된 역사를 살펴봐야 한다고 강조한다. 최 목사는 순천중학교 학생연맹 출신의 황용운의 말을 인용했다.

"(진압 군인이) 목사, 전도사 등 이런 사람들이 민족진영 사람들을 가려내고, 가려진 그 사람들 보고 반군에 가담한 (사람들을) 색출해내라 했어요. 그들이 손짓하면 그 해당하는 사람들을 통천 건너 봉화산 골짜기에 데려다가 무참히 죽었어요."

여수순천사건의 출발점에는 초기 일부 군인들의 제주 4.3 사건 진압 반대 입장이 있었다. 군인으로서 국민을 죽일 수 없다는 주장으로 결집된 이들의 집단행동은 '빨갱이'의 망동으로 단순화할 수는 없는 것이다. 손 목사 가족을 해친 행위는 용서받을 수 없지만 기독교인이 주동된 여수순천학살이 없었다면 그 참극을 피할 수 있었을 것이다. 그래서 복수를 복수로 갚지 않고 사랑으로 끝낸 손 목사의 '용서의 손절(孫絕)'은 조금도 그 가치가 바래지 않는다.

사랑이 하나님임을 고백한다면 아니, 하나님이 사랑임을 고백한다면 세상 어느 누구, 그 무엇도 사랑하지 못할 대상이 없다. 물론 구조악마저 사랑하자는 말이 아니다. 때론 사랑도 배타적 선택을 요구받을 때가 있다. 예컨대 착취, 억압, 갑질, 폭행을 가하는 이와 당하는 이중 하나를 사랑할 대상으로 고르라는 선택 말이다. 이들 중 당연히 당하는 이를 품음이 옳다. 당하는 이를 사랑하는 마음이 때론 가하는 이를 향한 저항으로 표출될 수 있을까. 당연히 있다. 이 저항도 사랑의 한 방편이다. 그래서 가한 이가 회개하고 마땅한 책임을 진다면, 그래서 당한 이로부터 '이만하면 됐다'라는 용서를 받는다면, 그 또한 사랑받음의 본질에 부합한다. 그러나 당하는 이의 마음을 못 본 척하고 가하는 이의 해악을 방조하면 그것은 사랑에 반하는 것이다.
혹자는 '동성애 척결'도 사랑하는 마음에 뿌리를 둔 것이라고 말한다. 사랑에 자격과 양태가 따로 있는 것은 아니지만 이들의 '독특한 사랑'에는 너무나 많은 것이 결여돼 있다. 상징적인 사례 하나를 들어보자. 보수 개신교인 일부가 해마다 열리는 퀴어 축제 당일에 행사장 맞은편에서 반대집회를 연다. '동성애 반대집회'로 말이다. 그런데 이건 사랑이 아니라 그냥 싸가지 없는 것이다. 개신교계가 부활절연합예배를 부활절 새벽에 서울광장에서 드릴 때 맞은편에서 "부활은 무슨, 그런 거짓 중단하라"라고 구호를 외치며 부활절사기극 고발집회를 연다면 어떨까. 그걸 사랑이라고 할 수 없을 것이다.

미국 신학자인 월터 윙크가 쓴 《동성애와 기독교신앙》(무지개신학연구소, 2018)에는 "진실을 말하자면 낙태나 동성애, 그 어느 영역에서도, 우리에겐 명확한 안내가 없다. 그러므로 우리가 남의 목구멍을 찢어버리기보다는, 자신들의 한계를 겸손히 인정해야 한다. 오늘날 우리를 위한 하느님의 말씀을 내가 정확하게 해석하고 있는지를 나는 어떻게 아는가? 당신은 어떻게 아는가? 기독교인들이, 우리도 틀릴 수 있음을 너무도 잘 알기에, 목소리 크기를 95% 낮추고, 우리의 신념들을 조용히 나타내는 것이 더 현명하지 않을까?"라고 말했다.

동성애가 반성경적이라는 주장에 대한 반론은 이 책에서 발견할 수 있다. 이를 근거로 요약해보면 이렇다.

소돔과 고모라 멸망의 원인이다? 소돔과 고모라 멸망은 '집단 강간'이라고 〈창세기〉 19장은 말한다. 여기에 동성애가 포함돼 있는지는 불분명하다. 물론 그럴 수 있다. 동서고금을 막론하고 동성 간 성행위는 존재했으니까. 그러나 혼동해서는 안 된다. '강간'은 폭력이다. 사랑이 아니다. 이성 간 성폭력이 범죄이듯, 동성 간 관계에서도 마찬가지다. 여기서 동성 간 성행위가 문제시됐다면 그것은 폭력에 기인했을 것이다. 게다가 소돔에서의 범죄가 이성의 소행임을 시사하는 대목도 있다. 아브라함의 조카 롯이 무리에게 포위됐을 때 자신의 두 딸을 남자 군중에 넘겨주려 했던 것이 그렇다. 〈레위기〉에서 명백한 범죄라고 했다. 〈레위기〉 18장 22절 (너는 여자와 교합하듯 남자와 교합하면 안 된다. 그것은 망측한 짓이다), 〈레위기〉 20장 13절(남자가 같은 남자와 동침하여, 여자에게 하듯 그 남자에게 하면, 그 두 사람은 망측한 짓을 한 것이므로 반드시 사형에 처해야 한다)은 동성 간 성교를 명확히 가중하다고 했다. 그런데 이 부분이 기록될 당시에 남성의 정액은 생명의 요체로서 존귀하게 예우됐다. 하지만 상식적으로 정액이란 여성의 난자와 결합하지 않으면 무의미한 것이다. 여성에 대한 생리학적 이해가 전혀 없던 상황임이 확연하다. 그러니 정액을 허비하는 동성애와 자위행위마저 살인과 동일시했다. 생식 목적 외에 정액 허비가 중범죄라면 피임기구를 이용한 성행위 또한 범죄여야 한다.

바울도 〈로마서〉에서 순리에 역행한다며 금기시했다. 〈로마서〉 저자 바울은 자신의 메시지를 접하는 모든 사람(로마의 교인들)을 이성애자로 간주했다. 또한 바울의 머릿속 관념에 후손을 생산하지 않는 섹스 즉 생식과 무관한 섹스는 쓸모없다고 단단히 새겨진 터다. 그렇다면 〈로마서〉를 읽는 이들에게 과한 정욕의 사례로 동성 간 성관계를 짚고는 '동성 간 섹스하는 것이 자연적이냐'라고 묻는 것으로 봐야 자연스럽지 않을까.

동성애를 도무지 용납할 수 없다는 이들이 있다. 설령 동성애가 죄요, 악이라 해도 "징벌할 권한은 주님께만 있습니다. 우리는 주님을 앞질러 가지 않고 이 말씀 앞에서 멈추겠습니다. '이제 나는 너희에게 새 계명을 준다. 서로 사랑하여라. 내가 너희를 사랑한 것같이, 너희도 서로 사랑하여라.'(요한복음 13:34)"라고 고백해야 그분의 품성을 닮은 것 아닐까. 그런들 '동성애 앞에서 침묵했다'며 벼락을 내릴 그런 하나님일까.

이 부분에서 이름만 대면 알 만한 목사의 책 일부를 인용하고 싶었다. 그러나 허락받지 못했다. 동성애 혐오를 반대하는 김용민 책에 당신 저작물이 인용됨으로써 벌어질 일에 대한 고민 때문이었을 것이다. 그의 고민을 헤아린다. 다만 생각의 공유마저 억압되는 한국교회 풍토에 가슴을 치게 된다.

요약한 내용은 이러하다. "주님이 사랑을 명령했다. 그렇다면 우리의 해야 할 바는 순종이다. 그런데 만약 '저 사람만은 사랑할 수 없다. 제발 저 자만은 빼 달라'라고 대답할 경우도 있을 것이다. 그래서 주님은 권고가 아니라 명령한 것이다. 이를 계속 역행한다면 그것은 불순종이다."

정리한다. 혐오는 불순종이다.

슬로브핫의 딸들이 나아왔다.

슬로브핫은 요셉의 아들인 므낫세의 가족으로서,

헤벨의 아들이요, 길르앗의 손자요, 마길의 증손이요, 므낫세의 현손이다.

그의 딸들의 이름은 말라와 노아와 호글라와 밀가와 디르사이다.

그들은 회막 어귀에서

모세와 제사장 엘르아살과 지도자들과 온 회중 앞에 서서 호소하였다.

"우리의 아버지는 광야에서 돌아가셨습니다.

그러나 주님을 거역하여 모였던 고라의 무리 속에 끼지는 않으셨습니다.

아버지께서는 다만 자신의 죄로 돌아가셨습니다.

그런데 아버지께는 아들이 없습니다.

그러나 아들이 없다는 이유로

아버지의 가족 가운데서 아버지의 이름이 없어져야 한다니,

어찌 이럴 수가 있습니까?

우리 아버지의 남자 친족들이 유산을 물려받을 때에,

우리에게도 유산을 주시기 바랍니다."

모세가 그들의 사정을 주님께 아뢰었다.

주님께서 모세에게 말씀하셨다.

"슬로브핫의 딸들이 한 말이 옳다.

그 아버지의 남자 친족들이 유산을 물려받을 때에,

너는 그들에게도 반드시 땅을 유산으로 주어라.

너는 그들의 아버지가 받을 유산이 그 딸들에게 돌아가게 하여라.

민수기 27장 1-7절

하나님 '아버지'는 없다 젠더혐오를 벗을 때

촛불 국면 당시 박근혜 일당은 쿠데타를 획책했다. 국군기무
사령부가 2017년 3월 당시 대통령 박근혜 탄핵이 기각되면
'폭동'이 발생할 것을 예상하고 대테러전에 능한 육군특수전
사령부와 제707특수임무대대 등 무장병력 5000여 명을 동원
하고 유사시 시민에 대한 발포까지 계획한 것으로 드러났다.
계엄이 선포되면 광화문 등 서울 시내에는 탱크 200여 대, 장
갑차 550여 대가 배치된다. '유사시 폭동 진압'을 전제한 것이
지만 이들의 행동계획을 보면 '폭동 유발'을 위한 정교한 의도
도 읽힌다. 쿠데타다, 친위 쿠데타.

만약 그 계획대로 쿠데타가 이뤄졌다면? 다들 비극을 연상
하는데, IT 계통의 저널리스트 도안구 씨는 페이스북에서 이
렇게 비웃는다. "난 그들의 구시대적 상상에 대해 실소를 금하

지 못했다." 이렇게 시작하는 글이다. 요약하면 이렇다.

우선 언론사 장악을 이야기했는데, 박정희가 쿠데타를 획책하며 군을 방송사에 진주시킬 때, 당시는 본사가 서울 사대문 안에 있었다. 그런데 지금은 어떤가? 여의도, 상암동, 목동, 광화문 곳곳에 흩어져 있다. 물론 시간이 걸려도 언론사들을 장악할 수 있겠지. 그런데 이명박·박근혜 때, 국민이 그 언론사가 주는 오염된 정보와 주장에 동조했나? 팟캐스트가 있었고 SNS가 있었다. 탄핵도 이걸로 가능했다. 게다가 사람마다 손에 스마트폰을 들고 있는데 그게 방송국이다. 한마디로 인터넷이 가동하면 통제할 수 없다. 그러면 인터넷 통신을 차단하려 할지 모른다. KT 혜화지사 옛 혜화전화국으로 가면 된다고. 그런데 구로지사도 세계와 통하는 또 다른 관문이다. 만약 애써서 차단한다면? 대한민국에 사는 외국인, 특히 외국 기자들이 가만히 있겠나? 자국민의 안전이 보장되지 않는 상황에서 다른 나라 정부가 손 놓고 있겠나. 그러나 정말 간과한 것이 있다. 군인들 특히 군에 입대한 사병들이 시키는 대로 다 움직일 것 같나? 나라 지키러 입대했는데 어떻게 내 아버지 어머니, 누나, 형님, 동생에게 총부리를 겨눌 수 있겠는가, 통제가 안 될 것이다.

도안구 씨는 이렇게 글을 맺는다. "아마도 너무 군 복무에 열심이다 보니 세상이 어떻게 바뀌었는지 몰랐던 거 같다."

2004년 한 육군 소장의 《월간중앙》 9월호 기고문만 봐도 쿠데타 기도가 얼마나 헛된 짓인지 알 수 있다. 안 되는 이유는 대략 이렇다. 첫 번째 쿠데타 모의 단계부터 휴대전화 때문에 보안 유지가 불가능하다. 두 번째 쿠데타 발발 시점과 관련해서는 요행히 군사를 집결시키고 장비를 앞세워 중앙무대로 치고 들어오려고 해도 교통체증 때문에 (예정된 시간에) 이동이 어렵다.

이와 관련한 변상욱 전 CBS 대기자의 트윗 내용이다. "(국군 기무사가) 탱크 200대 장갑차 550대를 동원한다고 했다. 6.25 남침 때 북한군이 동원한 '전차'가 소련제 T-34 탱크 242대였는데 탱크 200, 장갑차 500? 전쟁터의 탱크를 후방으로 돌리면 나라는 누가 지키나?"

육군 소장은 네 번째 이유로 군이 한국사회의 최고 엘리트 집단이 아님을 지적했다. 그리고 마지막 다섯번째 이유. "너무도 명백한 앞의 네 가지 사실을, 누구보다 군이 먼저 잘 알고 있으므로 쿠데타는 더 없다."

나는 여기에 하나 덧붙인다. 여섯째, 하나님이 보우하셔서. 하나님이 굽어 살펴보는 나라에서 역사의 역행은 없다. 신앙인의 입장에서 고백하건대 하나님은 이 백성을 21세기 첫 시민 혁명과 비폭력 혁명의 주역으로 만들었다. 이것만으로도 우리는 후대에 자랑스러운 선조가 될 수 있다.

출애굽, 난민 역사의 기록

출애굽 백성도 그러했다. 지도자는 모세였지만, 모세를 따라 죽음의 위기를 거치며 40년 만에 '허락하신 새 땅'에 들어간 선대는 위대한 조상으로 추앙받는다. 〈출애굽기〉는 애굽 탈출 기록을 뜻한다. 애굽은 이집트다. 이집트(Egypt)를 있는 그대로 읽으면 대충 애굽이 된다.

자, 그런데 출애굽은 역사적 사실일까? 우선 출애굽의 핵심인 '홍해의 기적'은 사실이 아닐 가능성이 농후하다. 이스라엘 백성이 홍해 건너는 경로를 문헌사적으로 따져보니 그곳은 바다가 아니라 뭍이었다. 지금의 수에즈운하 길이었다. 운하는 3500여 년 후에나 팠으니 그때는 물길이 없었을 것이다. 수에즈운하 길이는 대략 193km, 직선거리로 서울에서 전주 정도 거리다. 애써 홍해를 건너려 했다면 대부대를 이끌고 서울에서 전주 거리만큼 남쪽으로 내려가야 했다는 건데 여러모로 무리다.

게다가 또 다른 의심 지점은 탈출하는 이스라엘 백성의 숫자다. 제 발로 걸을 수 있는 장정이 60만가량이고 여성, 노인, 어린이까지 따지면 240만 정도가 족히 될 것이다. 이것만이 아니다. 사람에 딸려가는 심히 많은 가축은 어떨까. 대구 인구, 국가 보츠와나에 해당하는 인구가 집단 집시족이 됐다? 사실이라면 이집트 역사에 한 줄이라도 거론됐을 법할 일인데 흔적조차 없다. 뭐, 불편한 역사니 그럴 수 있다고 치자.

그런데 바로 왕이 이들을 토벌할 목적으로 최정예 군대를 동원했다고 한다. 가고 쉬며 먹고 자던 대부대를 따라잡는 게 어려웠을까? 결정적으로, 마침내 도달한 '약속의 땅' 가나안도 당시 이집트 영토였을 가능성이 크다.

자, 그러면 우리는 성서를 거짓말로 봐야 하나. 아니다. 인간의 기록에 불과한데 이를 과학이라며 맹신하면 안 된다. 이 〈출애굽기〉가 작성된 시기를 따져보자. 바벨론 포로기다. 왜 이 시기에 이집트에서 3대에 걸쳐 노예로 살았던 이야기, 탈출한 이야기를, 합리적 논증이 불가능한 전개방식으로 복기시키려 했을까?

〈출애굽기〉를 기록할 당시가 이때 처지와 다를 바 없는 포로기이기 때문이다. 〈출애굽기〉는 하나님이 노예된 이스라엘 백성의 편임을 드러내는 성서다. 유대인은 그래서, 야훼가 자기 민족을 우대한다는 선민의식의 증거로써 여기는지 모르겠다. 과연 그러한가. 아니다. 구약 내내 고아, 과부, 나그네를 돌보라고 행여 잊을까 거듭 반복해 당부하는 하나님이다. 신약의 예수와 바울의 메시지를 보더라도 하나님은 약자, 소수자의 편이다. 그렇기에 예수 믿으면서 약자 편에 서는 것은 체질화돼야 하고, 설혹 강자의 지위를 얻게 되더라도 언제든 실족할 수 있다는 경각심으로, 그 책임을 감당해야 한다.

한국기독교교회협의회 정의평화위원회 부위원장인 최형

묵 목사(천안살림교회)는 "난민이 없으면 성경은 없다"고 말한다. 이 내용이다.

출애굽 사건이 성서의 신앙세계를 형성한 원점이라면 바빌론 포로의 경험은 이스라엘 민족의 본격적인 디아스포라의 삶이 시작되는 계기이자 동시에 문서로서 성서를 형성한 결정적인 계기가 되었다. 국가적·제의적 정체성을 지키기 어려운 상황 가운데서 말씀·율법을 통한 정체성을 확보하려는 시도의 핵심에 성서의 편찬 작업이 있었다. 이 점에서 성서는 그 자체로 난민과 유민, 이민 사회의 소산이라고 할 수 있지 않을까?

예수의 하나님 나라의 보편적 의의는 재삼 그 의미를 확인할 필요가 없지만, 예수가 이방인과 만난 일을 전하는 에피소드는 유대의 역사적 지평 안에 있으면서도 그 한계를 넘어선 예수의 삶과 가르침의 의미를 재삼 생각하게 해주며, 삶의 뿌리를 떠나 고단한 삶을 살아가는 사람들에 대한 관심은 예수의 삶과 가르침에서 일관된다.

바울의 인의론(認義論)은 권리가 없는 이방인을 옹호하는데서 비롯되었다. 그 인의론은 민족적 정체성을 넘어, 그리고 일체의 기득권에 의한 경계를 넘어 구원의 보편적 성격을 역설하고 있다. 그것은 일체의 자격과 업적의 논리를 배격하며, 따라서 그 누구라도 배제되지 않는 새로운 삶의 질서를 형성하도록 요구하는 신학적 대장전이다.

물론 성서는 '난민'으로 특정할 수 있는 이들에 대해서도 중요한 가르침을 전해주고 있다. 특별히 이들은 긴급히 구원의 손길을 받아야 한다는 것을 성서는 강조하고 있다.

재차 확인하면, 성서는 기본적으로 자기 삶의 근거지를 벗어나 떠돌던 '거류민'과 '나그네'의 의식을 그 바탕으로 하고 있다. 그것은 인간의 실존을 나타내는 은유이기도 하지만, 사실은 성서의 신앙세계를 형성한 사람들의 실제 삶의 정황을 반영한 것이다.

그렇다. 모세5경은 바벨론 포로기가 없었으면 불가능했다. 민족의 정체성을 확인하고, 자존감을 키우기 위한 목적으로 과거의 이야기를 집대성한 것이다. 예언서 또한 포로기가 있어서 출현할 수 있었다. 노예로 끌려간 유대 민족에게 희망의 끈을 놓지 말도록 당부한 메시지 아닌가. 이스라엘 백성이 난민이 아니었다면 나올 수 없었던 성경이었다.

본문 속에서 만날 슬로브핫의 딸들은 약자 중 약자다. 어디 구약시대만 그랬겠나. 오늘날도 (많이 나아졌다고는 하지만) 성평등은 요원해보인다. 당시 가부장적인 제도 아래에서 사람 수를 셀 때 여성과 어린이는 없는 존재였다. 그뿐 아니다. 사람 이름에 성(姓)이 들어가기 마련인데 당시에는 아예 선조의 이름을 넣었다. '이순신 50대손 이 아무개'가 아니라, '순신 아무개'이랬다. 성(姓)은 남성에게만 부여됐다. 여성은 후손이 아니라는 이야기다. 후손으로 인정받지 못하니 유산 분배에서도 제외됐다. 지금이야 말이 안 되는 일이지만, 그때는 상식이었다.

네이버에 들어가 보니 12년 동안 복직투쟁을 벌인 KTX 해고승무원 노동자들이 "특혜를 입었다"느니 "떼썼다"느니 하는 댓글이 목격됐다. 이들이 복직만을 목표로 투쟁했을까, 아니다. 취업 사기, 비정규직 차별 등 자신이 당한 피해를 다른 이는 겪지 말아야 한다는 사명감, 이것이 내재됐을 것이다. (슬로브핫의 여인들이 오늘날 인물이라면 아마 이 해고승무원 노동자만큼의 악성 댓글을 받았을지 모른다.)

일본군에게 끌려가 갖은 수모를 당한 할머니들, 그들이 싸우는 것도 비극의 역사가 반복되지 않기 위해 당사자인 내가 이 고리를 끊겠다는 사명감에서 출발한 것으로 봐야 한다. 적당히 보상금 받고 편안히 살길을 왜 거부했겠나. 세월호 참사 진상규명을 위해 싸우는 엄마 아빠도 보상금 몇 푼 더 받으려 풍찬노숙, 단식, 삭발한 게 아니다. 세월호 참사 관련 민사법원 판결에서도 지적됐듯, "바다에 배가 빠지면 개인이 알아서 스스로 구조해야만 가능한 나라, 국가나 공공이 제 역할을 못하는 나라"를 바꿔보겠다는 뜻 아닌가. 삼성전자가 '반도체 백혈병' 피해자와 유족의 뜻에 무게를 둔 제안을 무조건 수용하기로 했다. 과연 약속을 제대로 이행할 것인지는 별론으로 하더라도 이런 결과를 도출한 것은 오직 '반올림'의 10년 투쟁뿐이다.

통념과 선입견을 넘어

모세에게서 엑소더스의 바통을 넘겨받은 여호수아. 가나안 정복을 마치고 땅을 분배하는 과정에서 슬로브핫의 딸들을 만난다. 슬로브핫 딸들의 아버지는 광야에서 죽었다. 그런데 이 아버지는 아들이 없고 딸만 다섯이었다. 만약 딸들에게 상속이 이뤄지지 않는다면, 슬로브핫의 자손은 끊기는 것이 된다. 황당하다. 지금 여기 그 자손이 분명 있는데! 사람 취급을 안 하는 것이다. 슬로브핫의 딸들은 모세를 찾아갔다. 그리고 아버지의 유산을 달라고 했다. 유산을 상속한다고 함은 자본주의적 재화(財貨)를 취득하는 게 아니다. 대를 잇는 것이다.

돌아보자. 돈이 지금처럼 달콤하고 유용했을까? 요즘처럼 돈 쓸데가 많았던 때였나?

이런 조크가 있다. 천 원짜리 지폐가 몇 년 만에 친하게 지냈던 오만 원짜리 지폐와 만났다. 천 원짜리가 물었다. "그동안 잘 지냈어?" 오만 원짜리가 대답했다. "응. 카지노도 갔었고, 유람선 여행도 하고, 노래방도 가고, 스키장도 갔었지. 넌 어땠어?" 그러자 천 원짜리가 말했다. "나야 뭐, 거룩하게 살았어. 교회 헌금함에서…."

이 조크를 만든 사람의 취지는 헌금 더 많이 내라는 것이었겠지. 그러나 따지고 보면 교회가 천 원 받을 가치밖에 안 된다는 방증 아닐까.

조크 하나 더. 어떤 교회에서 목사가 십일조를 내야 구원받는다고 했다. 그러자 처음 교회에 온 한 부자가 벌떡 일어나더니 이렇게 화를 내면서 나갔다. "여보쇼! 십일조 내고 구원받는다고? 그러면 11조 원-9원은 10조9999억9999만 9991원인데, 이만큼 손해 보는 미친 짓을 한단 말이오?" 하긴 기독교가 말하는 구원은 정말 9원짜리가 된 듯하다.

모세는 슬로브핫 가문의 대를 지키고자 하는 이 다섯 딸의 요청을 받고 고민에 빠졌다. 딸들에게 상속하는 일은 없었는데. 그래서 하나님에게 물어봤다. 어떤 답이 돌아왔을까? "슬로브핫의 딸들이 한 말이 옳다. 너는 그들에게도 반드시 땅을 유산으로 주어라."(7절)라고 했다.

그런데 모세가 죽었다. 그리고 '허락하신 새 땅'에 들어갔다. 문서는 없고 구두 약속만 있었던 터. 아무도 모세가 슬로브핫의 딸들과 맺은 약속을 기억하지 못했다. 이럴 때 슬로브핫의 딸들은 낙심하고 '그래, 이것도 운명으로 알고 받아들이자'라고 했을까. 아니다. 다시 뜻을 모아서 새 지도자 여호수아를 찾아간다. 슬로브핫의 여인들은 여호수아와 만나기도 쉽지 않았을 것이다. 하지만 만나 모세와의 약속을 상기시켰다.

백소영 이화여대 기독교학과 교수는 슬로브핫의 다섯 딸을 '페미니스트'라고 했다. 슬로브핫의 다섯 딸은 서로 연대하여 당당하게 그 앞에 섰다. "분명히 여호와 하나님께서는 약속의 땅에서 하나님의 임재와 더불어 살아가는 축복된 삶의 징표로 땅을 분배해주신다고 했는데, 아들이 없다는 이유로 '우리 아버지의 분깃'이 사라져야 한다는 말인가. 딸들은 '사람'이 아닌가. 우리는 '우리 가문에 내리는 하나님의 축복'을 승계할 권한이 없나." 이런 질문이었다.

실로 대단한 딸들이다. 본디 옳음과 옳지 않음의 문제 앞의 가능성, 여건, 후환 이런 거 따져가며 싸워서는 안 된다. (물론 지략과 노력이 뒤따라야 하지만) 그렇다. 통념과 선입견에 기울어 할 말 못 하고 할 행동 못 한다면 그것은 정의감과 용기를 창조할 때부터 탑재시킨 조물주 하나님에게 면목 없는 행동이다. 슬로브핫 딸들의 행동은 비단 여성만이 아니라 온갖 지배 논리에 압도되는 그리스도인에게 큰 사표가 된다.

페미니즘은 휴머니즘

요즘 성 평등 즉 젠더 이슈를 두고 사사건건 충돌이 빚어진다. 내가 남성이어서 그런지, 페미니즘에 대해 삐딱한 시선으로 말했다가 남성 우월주의에 함몰된 마초로 취급되는 것은 아닌지 주저했다. 또 마음 한쪽에는 그만큼 성차별 풍조가 온존하는 구조 속에서 이를 깨고자 하는 사람들의 힘을 빼는 것은 아닌가 싶어 언급을 자제해왔다. 그러다가 사회 공동체가 건강하게 지속되기를 바라는 일원으로서, 도를 넘는 '남성 혐오'에 대해 한마디해야겠다는 마음에 입을 연다.

페미니즘은 휴머니즘의 다른 이름 아닌가? 또 남성 우월을 기정사실로 하는 체제와 관념을 바꿔 남성이건 여성이건 모두가 동등하고 행복하게 살 권리를 찾아야 한다는 합의된 신념 아닌가. 내가 잘못 알고 있는 것인가.

물론 일부 남성 혐오 주장을 두고, 여성 혐오의 미러링 즉 잘못된 행동을 하는 사람에게 자신의 행동을 마치 거울처럼 보여줌으로써 깨닫게 하는 것이라 합리화하는 이들도 있다. 그렇게 해서 여성 혐오자가 깨달을까. 그리고 남성 혐오가 정당화될까. 그런 점에서 더 단단히 결집하고 고도화되는 안티페미니즘은 의도했던 바인가. 아닐 것이다. 형식은 물론, 내용적·본질적으로 남과 여가 성별의 차이를 느끼지 못하도록, 굳이 느껴야 한다면 화장실이나 탈의실 입구에서나 구별되는 세상, 우리가 그런 세상을 지향해야 하는 것 아닐까.

미진하게 보여도 남성의 젠더의식은 진보하고 있고, 모자람도 있지만 여성의 사회적 위상도 날로 확대되고 있다. 이런 마당에, 박근혜 씨의 대통령직 파면은 그가 여성이라는 이유만으로 의도 조작된 것이라며 '무좆탄핵'이라고 외치는 이들, 성인 남성을 '한남충'이라고 하는 것으로 부족해 남자아이를 '한남유충'이라고 부르는 이들을 방치하는 페미니즘이라면 누가 공감할 수 있겠는가.

불현듯 이런 제안을 한다. 앞으로 기도할 때, '하나님 아버지'라고만 하지 말고 '어버이 하나님', 이렇게 말하는 것이다.

혹시 이게 불편하면 그냥 하나님으로 호칭을 통일하자. 신구약 성서 전반에 걸쳐 여성은 홀대받았고 무시됐다. 기록하는 사람도 결국 관행과 통념에 지배받을 수밖에 없었다. 우리는 말씀 속에서 드러난 '딸 아들 구별 안 하시는' 하나님을 기억해야 한다. 남성은 물론, 여성도 당신의 형상을 따라 만들었기 때문이다.

'하나님 아버지'는 아버지가 가정의 으뜸이었던 시대의 사고가 낳은 레토릭이다. 남자이기도 하고 여자이기도 한 하나님을 기억하며 성 평등이 완연해지는 세상을 건설하자.

주 당신들의 하나님이 당신들에게 주시는 땅의

어느 한 성읍 가운데에 가난한 동족이 살고 있거든,

당신들은 그를 인색한 마음으로 대하지 마십시오.

그 가난한 동족에게 베풀지 않으려고 당신들의 손을 움켜쥐지 마십시오.

반드시 당신들의 손을 그에게 펴서, 그가 필요한 만큼 넉넉하게 꾸어 주십시오.

당신들은 삼가서 마음에 악한 생각을 품지 마십시오.

빚을 면제하여 주는 해인 일곱째 해가 가까이 왔다고 해서,

인색한 마음으로 가난한 동족을 냉대하며,

아무것도 꾸어 주지 않아서는 안 됩니다.

그가 당신들을 걸어 주님께 호소하면, 당신들이 죄인이 될 것입니다.

당신들은 반드시 그에게 꾸어 주고, 줄 때에는 아깝다는 생각을 하지 마십시오.

그러면 주 당신들의 하나님이 당신들이 하는 모든 일과

당신들이 손을 대는 모든 일에 복을 내려 주실 것입니다.

당신들은 반드시 손을 뻗어,

당신들의 땅에서 사는 가난하고 궁핍한 동족을 도와주십시오.

그렇다고 하여, 당신들이 사는 땅에서 가난한 사람이 없어지지는 않겠지만,

이것은 내가 당신들에게 내리는 명령입니다

신명기 15장 7–11절

돈이 사람을 삼키면

그 동영상은 여전히 머릿속을 휘젓는다. 풀스윙한 손바닥으로 상대방 뺨 때리는 영상에 더해 "착착" 하는 음향까지. 뱉은 침을 핥으라며 대학교수에게 폭력을 행사하던 그 장면은 또 어떤가. 기록물로 남아 있지 않지만 보지 않아도 눈에 선하다. 양진호 씨는 사람을 그렇게 대해도 된다고 믿었던 거다. 국내 제1 항공사 오너의 가족이 자신의 부를 불려주는 노동자에게 유무형의 폭언 폭력을 서슴지 않는 것도 같은 맥락일 테다. 한 대에 100만 원씩 맷값을 쳐주겠다며 노동자의 인격에 방망이질을 한 또 다른 재벌 가문은 다른가.

미친 거다. 갑질은 미친 거다. 인간의 삶은 각각 고유한 가치가 있고 그렇기에 하나하나가 우주다. 그래서 상대에 대한 예의가 있어야 한다. 상대를 얕잡아보더라도 유분수다. 존재

자체를 부정할 자격이 우리에겐 없다. 그런데 나 따위가 뭐라고 상대방의 인생을 무시하고 짓밟는가?

갑질을 서슴지 않는 자들은 도대체 뭘 믿고 이런 악마를 흉내내는가. 돈이다. 양진호 씨는 천 억이 넘는 재산이 있다고 한다. 그 재산은 어디서 비롯됐나? 헤비업로더, 우리말로 '김본좌'가 올린 야동의 수익을 나눠서 축적해온 거 아닌가? 이는 땀 한 방울 흘리지 않고 번 것이다.

야동, 소비하지 말라. 그렇다면 양진호 범죄도 없었다. 야동은 방안에서 은밀하게 즐기는 것이라고 하지만, 그 잔영은 본능을 자극해 성의식을 왜곡한다. 야동 속의 대상이 현실에도 있다고 착각하게 만든다. 야동에 먹히는 거다.

갑질 없는 세상

인간이 돈에 먹히는 원리도 유사하다. 이는 단계가 있다. 단지 축적한 재산이 많지 않거나 소득이 적을 뿐인데 가난한 이들이 비루하게 보이는 차원을 넘어 조롱하고 싶은 욕구가 발동된다면 심각하다. 정상(正常)에서 이탈한 상황으로 볼 수 있다. 나아가 혐오까지 하게 되고 끝내 양진호의 지경에 이르게 된다면 '사람의 인격은 짓밟을 수 있는 것'이라고 생각하게 된다. 돈이 인격에 물드는 과정에서 요행히 부끄러움을 자각해 바른길로 돌아선다면 참 다행이지만 이 경우의 사람을 찾기란 쉽지 않다. 따라서 태어나면서부터 사람을 사람으로 여길 기회를 얻지 못하는 재벌 2세, 3세를 보면 안타깝다. 사회성이 결여된 자들과 고용관계를 맺는 노동자는 더 안타깝다.

전 세계적으로 가족 기업은 많다. 유럽 미국 등 자본주의 역사가 긴 나라일수록 특히 그러할 테다. (그러나 한국처럼 소유에 더해 경영까지 하는 기업은 적다.) 한마디로 지분을 갖고 있되, 경영은 전문가에게 맡기는 것이 관행이자 문화다. 국왕이 국가 통치를 직접 하는 나라가 많지 않듯 말이다. 이렇게 소유와 경영을 분리하는 경우에는 사람 귀한 줄 모르지 않는다. 전문가를 붙잡는 게 기업의 사활과 직결되기 때문이다. 오너가 임원의 정강이를 찼다거나, 오너 가족이 운전기사에게 막말 폭언을 퍼붓는 일이 다반사인 한국 재계의 사정과 많이 다르다.

성서를 보자. 시대와 배경, 등장인물은 달라도 관통하는 메시지가 있다. "가난한 자를 돌보라." 이것이다. 어떤 종교라도 숭앙하는 대상의 가르침을 기억하게 한다. 제사가 그렇고, 법회가 그렇고, 미사가 그렇고, 예배가 그렇다. 우리는 〈신명기〉의 가르침을 되새기고 있다. 기자는 "〈신명기〉의 하나님을 기억하는가, 혹시 다 잊었는가"라고 이스라엘 민족에게 거듭 묻는다. "너희가 포로 중에, 노예 중에도 함께하신 하나님을 기억해야 한다" "너희의 지금 사정이 과거에 비해 나아졌는지 모르지만 너희가 겪었던 불우하고 슬픈 시기를 기억하라"라는 구약성서를 관통하는 교훈을 설파하며 말이다.

〈신명기〉 15장은 "너희 중에 가난한 자가 없으리라"(4-5

절, 개역개정)라고 말하고 있다. 가난한 자가 없어진다는 게 뭔가? 이명박 전 대통령이 후보 시절에 공언했던 것처럼 "모두 부자로 만들어주겠다"는 약속인가? 아니다. "가난해서 억울해서 차별받는 사람이 없게 하겠다"라는 뜻이다. 〈신명기〉 15장에는 2절부터 11절까지 '형제'라는 단어가 여섯 번(개역개정)이나 나온다. 역시 사람과 달리 인간을 대하는 자세의 '클래스'가 다르다. 그래서 성서의 가르침을 따르는 사람은, 하나님을 경외하는 것에 그치지 않고 가난하고 소외된 이웃도 존귀하게 여긴다. 즉 형편 어려운 이웃을 형제로 여긴다.

성서적으로 재해석한 부

이제는 부(富)를 성서적으로 재해석할 필요가 있다. 우선 부동산 이득. 흔히 땀 한 방울 흘리지 않고 얻는 소득 즉 불로소득이라고 한다. 땅이나 건물을 소유하는 자가 세입자로부터 사용료를 받는 것이니. "토지를 영구히 팔지 말 것은 토지는 다 내 것임이니라"라는 〈레위기〉 25장 23절은 오늘날에도 토지 정의의 교본이 되고 있다. 그리고 토지 공개념의 원전으로 표상된다.

사실 한국 사회에서 토지 소유문제는 체제가 갈라지고 전쟁을 야기하는 쟁점이기도 하다. 1945년 해방 이후 3년간 38선 이북을 지배한 소련은 기독교인이 많았던 지주에게서 땅을 강탈한다. 그렇게 해서 분루를 삭히며 38선 이남으로 내려가게 했다. 이남으로 내려온 이들은 이북 체제에 대해 응어리를 풀지 않았다. 그리고 좌익 운동가나 진보 정치인에 대한 백색 테러로 해소했다. 그러나 '토지는 사유할 수 없다'라는 주장은 공산주의 출현 이전에 성서의 완성된 가르침이다. 설마 상위 1% 부자가 개인 소유의 땅 50% 이상을 소유하는 세상이 정상이라 말하지는 않겠지? 그렇다. 현실은 비정상이다. 그렇다고 보유 중인 부동산을 포기하는 것이 성서에 발맞추는 것도 아니다. 다만 기독교인 부동산 자산가는 임대료 폭리를 취하지 말고, 시세 차익을 추구하지 않는 것으로 〈레위기〉 정신을 구현해야 할 것이다.

다음은 채무. 성서는 가난한 이에게 넉넉히 빌려주고, 갚으라며 다그치지 말라고 한다. 게다가 7년마다 빚을 면제해주고, 노예 신분에서 해방시켜 마침내 자유인이 되게 하라고 했다. 성서만 아니라면 거의 반사적으로 모럴 해저드 즉 도덕적 해이를 우려하는 반응이 봇물 터졌을 것이다. 사실 빚진 사람은 동서고금을 막론하고 존중받을 가치가 없는 존재였다.

김영균 대진대 법학과 교수의 〈서울경제신문〉 칼럼 내용을 봤다. 사람의 살 1파운드 즉 453g을 떼어낸다면 어떨까? 시중에 나오는 젓갈 한 통 값 정도는 나온다고 한다. 중세 영국에서는 빚진 사람이 끝내 안 갚으면 가슴살 1파운드를 베어내도 됐다고 한다. 고대 그리스에서는 채무자 및 그 가족과 노예의 자녀를 노예로 삼았고. 조선 시대에는 가장이 노름빚을 아내로 갚는다거나 빚 대신 자식을 노비로 팔아먹은 일이 많았다고 한다. 빚진 이에게 존엄성 따위는 사치였던 거다.

'기본권'이라는 게 존재하는 현대 사회는 어떤가? 위법적 수단에 의한 응징이 제약될 뿐인지 채무자에 대한 겁박 주기가 헐겁다거나 하지 않다. 그러나 하나님이 긍휼히 여기는 대상에서 빚진 사람 또한 예외가 아니다. 채무자는 대개 누구인가? 가난한 이 아닌가?

김영균 교수 칼럼에는 이런 내용도 있다. 아테네의 집정관이 된 솔론은 모든 빚을 말소하고 채무자의 신체를 담보로 해 노예로 삼는 제도를 폐지했다고. 그 이후 무슨 일이 벌어졌는가? 아테네의 상공업이 크게 부흥했다고 한다. 자유인이 많은 사회, 노예가 많은 사회, 둘 중 어떤 사회가 더 생동하는지는 불문가지다.

김영균 교수는 또, 중세 이탈리아에서는 빚진 사람이 옷을 벗고 너른 광장에 뛰어나가 엉덩이를 기둥에 비비면서 "나는 망했다"라고 3번 크게 외치면 채무를 면제해주는 관행이 있었다고 전했다. 그렇다. 안락하게 지낸 사람이 없다면 7년간 빚 갚는 고생, 그 정도로 충분하다. 창조주 하나님은 이미 구약시대부터 사람 사는 세상에 평화를 깰 존재로서 돈을 경계했다.

《가톨릭교회 교리서》2186항에는 "여가를 즐길 수 있는 그리스도인들은, 같은 필요와 권리를 가지고 있으면서도 가난과 고생 때문에 쉴 수 없는 형제들을 기억해야 한다"라고 적혀 있다. 가난과 고생 때문에 무거운 짐 진 이들을 돌볼 의무까지 하나님은 우리에게 부여했다. 가난과 고생으로 몹시 곤궁하게 사는 이들을 무시해도 될 만큼 지금 우리 사회의 사회 안전망이 온존한가? 즉 복지체계가 튼실한가? 아니면 공적 부조가 탄탄한가?

이럴 때 교회의 역할이 필요하다. 방치·방관하는 순간, 가난한 이웃은 생의 막다른 골목에 내몰릴 것이다. 그런 사유로 누군가 죽음을 택한다면 성서의 훈계를 도외시한 그리스도인에게 과연 책임이 없을까?

우리가 말로만 사랑하면 뭐하나? 취미나 여가로 하는 사랑은 가치 없다. 사명으로써 가난한 이들을 사랑하고 섬기는 마음을 가져야 한다. 그래서 그들의 아픔에 공감하고 해결을 위한 연대에 나설 수 있어야 한다. 이제는 돈 없는 사람을 괄시하는 차원을 넘어 폭행하고 노예로 만들려 하는, 인간성이 바닥에 치닫는 정도가 아니라 뚫고 내려가는 세상이 돼버렸다. 그리스도인이 정신 차리고 돈이 하나님의 자리를 차지해버린 완악한 현실을 바로잡아야 한다. 이 정도뿐인가. 하나님과 돈을 겸하여 섬기는 이들이 교인의 모습으로 설치며 세상을 더욱 혼탁하게 만들고 있다. 땅만이 아니다. 돈으로 환산될 수 있는 모든 세속의 가치도 본래 하나님의 것이다. 그래서 그리스도인은 내세울 것이란 주님의 은혜뿐이다. 돈에 빨려 들어가지 말자. 시대가 악하다.

믿음이 강한 우리는
믿음이 약한 사람들의 약점을 돌보아 주어야 합니다.
우리는 자기에게 좋을 대로만 해서는 안 됩니다.
우리는 저마다 자기 이웃의 마음에 들게 행동하면서,
유익을 주고 덕을 세워야 합니다.
그리스도께서도 자기에게 좋을 대로만 하지 않으셨습니다.
성경에 기록하기를 "주님을 비방하는 자들의
비방이 내게 떨어졌다" 한 것과 같습니다.
무엇이든지 전에 기록한 것은,
우리에게 교훈을 주려고 한 것이며,
성경이 주는 인내와 위로로써,
우리로 하여금 소망을 가지게 하려고 한 것입니다.
인내심과 위로를 주시는 하나님께서,
여러분이 그리스도 예수를 본받아
같은 생각을 품게 하시고,
한 마음과 한 입으로 하나님 곧 우리 주 예수 그리스도의
아버지께 영광을 돌리게 해주시기를 빕니다.

로마서 15장 1-6절

우리에게로 온 예수   우리에게로 온 난민

네덜란드 헤이그 한 교회에서 망명자 가족의 추방을 저지하기 위한 '마라톤 예배'가 진행되던 중에, 벙커1교회는 2018년 12월 22일 토요일 낮 1시부터 24시간 동조 연대 예배를 했다. '마라톤 예배'는 아르메니아인 난민 탐라지안 씨 등 다섯 명의 식구가 네덜란드 당국에 의해 추방당할 위기에 놓이자 네덜란드 개신교회인 베델교회가 10월 26일 오후 1시 30분부터 했던 예배다. 네덜란드는 종교행사 중에 공권력 집행을 금지하고 있어 난민 가족은 마라톤 예배의 도움으로 피신할 수 있었다. (결국 이듬해 1월 30일 정치권이 '아동 사면 조약' 개정을 합의하면서 탐라지안 씨 가족은 무사하게 됐고 예배는 97일 만에 종료됐다.) 벙커1교회는 성탄에 예수를 기억하는 최상의 방법으로 약자와의 연대를 꼽고 24시간 동안 예배하기로 했다. 교회는 아르메니아인을 포함해 전 세계에서 자유와 평화를 갈구하는 난민과, 나라

안에서 고공 농성 중인 노동자 그리고 죽음에 내몰린 파견 노동자 등 소외된 소수자 약자를 위해 기도했다. 교착상태에 빠진 한반도 평화 국면에 재시동이 걸리도록, 정치혁신과 경제 정의·언론 개혁을 위한 간구도 잊지 않았다. 다음은 24시간 릴레이 예배의 대미를 장식하는 시간, 12월 23일 주일 예배 설교다.

"믿음이 강한 사람은 약한 사람들을 배려해야 한다." 바울은 〈로마서〉를 비롯한 모든 서신서에서 일관되게 이 메시지를 강조했다. 그렇다면 믿음이 강한 사람은 누구고, 믿음이 약한 사람은 누구일까? 〈로마서〉 15장에서 믿음이 약한 사람은 자신의 믿음 때문에 먹는 것을 가리는 이들로 소개됐다. 제사 음식을 먹지 말라고 하니, 그 비슷한 것도 안 먹을 사람들이다. 뒤집어 믿음이 강한 사람은 내가 무엇을 먹든지 그것은 내 양심에 배치되지 않는다고 여기는 '자유로운' 사람들이다.

믿음의 분량만큼

〈로마서〉 15장은 믿음이 강한 자에게 특권의식, 선민의식이 엿보인다고 말한다. 모든 불평등과 차별을 타파한 예수인데, 그의 교회도 별수 없었다. 그래서 강한 믿음은 유대 출신, 약한 믿음은 '굴러온 돌'로서 이방 출신 그리스도인으로 인식됐다. 천국에서는 왠지 유대인 출신은 더 쳐줄 것 같은 느낌이 지배하던 시기. 교회 안에 권력관계는 갈수록 공고해져 갔다. '출신'이 실상이요 본질이지만 이런 것은 감추고, 믿음의 강함과 약함이라는 대단히 자의적이고 주관적인 잣대를 앞세워 교인을 서열화했다.

그 이전에 따질 게 있다. 강한 믿음, 약한 믿음 이야기하는데 대관절 '믿음'이란 무엇인가? 단지 예수 그리스도를 구주로 고백하는 믿음인가? 흔히 한국교회에서는 믿음을 말할 때 사회적 맥락을 거세한다. 예수라는 2000년 전 사람을 신으로 믿느냐 안 믿느냐에 한정한다. 복잡하지 않은 점은 좋다. 그러나 믿음이 신자에게 지우는 책임은 실로 막대하다. 간과해서는 안 된다.

그렇다면 이런 의문도 가져야 한다. 믿음의 강하고 약함? 곧 믿음의 서열이란, 과연 하나님에게도 중요한 문제인가? 신앙의 연륜이 깊고 직분이 더 크다고 하늘나라의 서열도 높을 것인가? 바울은 이 논란을 싸잡아 쓸데없는 것이라고 규정한다. 하나님은 믿음이 더 강하다고 해서 이로써 가치 판단을 끝내지 않는다. 그 믿음의 분량만큼 성숙한지를 묻는다.

사도 바울을 보자. 그의 믿음, 겉으로는 강했다. 하지만 다마스쿠스 가는 길에서 예수를 만난 뒤 그 강함의 쓸모없음을 성찰했다. 그래서 강한 믿음은 이성과 언변이 아닌 낮아지는 자세에서 표징된다고 봤다. 그렇다면 소수자 약자 대변이 일상이어야 한다. 이 점에서 거듭난 바울의 신앙고백은 예수의 메시지와 닿는다.

나를 믿는 이 작은 사람 가운데서 하나라도 걸려 넘어지게
하는 사람은, 누구라도, 차라리 그 목에 큰 맷돌을 달고 깊은
바다에 빠지는 편이 낫다.

_마태복음 18:6

'강한 믿음'은 남을 업신여기는 자의 것이 될 수 없다. 진정
믿음이 강하다면 상대가 아닌 자신에게 강한 것이어야 한다.
내면의 모든 욕망을 누르는 힘, 이것이다. 그래서 예수 믿기란
쉬우면서도 어렵다.

(불현듯 커뮤니티 게시판에서 자기와 생각이 다르다고 적대하는
이들이 생각났다. 찾기 어렵지 않다. 이들 대다수는 자신을 정치고수
로 명명하면서 상대방에게 '정알못' 즉 정치를 알지 못하는 사람이란
딱지를 붙인다. 요컨대 자신의 똑똑함을 알아달라는 것이다. 하지만
민주주의 헌정질서 아래에서 남의 말을 억압하는 정치고수란 없다.
존 스튜어트 밀이 《자유론》에서 말하기를 "설령 잘못된 것[발언]이
라 하더라도 그 의견을 억압하는 것은, 틀린 의견과 옳은 의견을 대
비시킴으로써 진리를 더 생생하고 명확하게 드러낼 수 있는 대단히
소중한 기회를 놓치는 결과를 낳는다"고 했다. 자기에게만 관대한 정
치고수란 없다.)

믿음이 강하려면, 약자에 대한 감수성이 높아야 한다. 그렇
다면 우리 눈앞에 펼쳐진 노동 현실을 외면할 수 없다. 오늘 사
회에서는 성실만으로 빈곤을 극복할 수 없다. 조세희의 소설

〈난장이가 쏘아올린 작은 공〉(1976)에 나오는 난쟁이 가족도 불성실과 무관한 삶이었다. 왜소증을 앓는 기술 노동자 아버지의 일상은 노비였던 증조할아버지의 그것과 다르지 않았다. 빈곤의 늪에서 자신과 가족을 구원하지 못한 것이다. 아내와 큰아들은 인쇄소에 나가 일했지만 이로써도 생계 대책이 묘연했다. 차남과 막내딸마저 학업을 중단해야 했다. 그러다가 자그마한 보금자리에 철거 계고장이 날아든다. 이후 소박한 가정 공동체는 지옥이 됐다. 아들들은 동료 노동자의 배신으로 일자리를 잃는다. 딸은 부동산 투기꾼에게 겁탈당한다. 갖은 어려움을 겪은 뒤 분양권을 가져오지만 이미 아버지는 벽돌공장 굴뚝에서 떨어져 스스로 목숨을 끊은 뒤였다. 이 소설은 정권이 수차례 바뀌고 3차 산업을 넘어 4차 산업을 운위하는 시대에도 수시로 소환되며 노동이 소외된 한국 사회의 치부를 고발한다.

24시간 마라톤 예배에 참석한 한 이집트 난민의 이야기는 가슴을 치게 했다. 현재 난민 신청자 지위 즉 난민으로서 예우 받지 못하는 신분이다. 판정을 기다리는 동안 생계형 노동은 불가피했다. 3m 높이에서 떨어져 중상을 입은 것도 이즈음. 건강보험·산업재해는 고사하고, 그 어떤 공적 부조도 보장받지 못하는 처지에서 치료는 언감생심이었다. 그는 현재 반(半)장애 상태가 됐다. 그럼에도 '인권'이 소거된 노동을 단 하루도 멈출 수 없다. 딸린 식구가 있으니까. 이뿐인가. 난민으로 인정받지 못해 이집트로 강제귀국된다면 본인은 9년, 아내는 2년 감옥살이를 해야 한다. 슬하에 낳은 갓난아기가 생고아가 된다. 어떻게든 비루하지만 이 한국 사회에 비비고 있어야 한다.

한편 이 자리에 나이지리아에서 온 난민도 참석했다. 그는 부족의 신앙과 달라 쫓기는 신세가 됐다고 하는데 이전에도 9년간 쇠창살 안에 갇혔다고 한다. 한 명 한 명 '내쫓긴 자'의 낙인이 비수처럼 박혀 있었다. 이제 찬송가의 한 소절로 묻는다. "믿는 자여, 어이할꼬."

공감의 사람, 장기려

12월 25일은 예수의 생일로 기념되는 날이자 의사 장기려 선생의 기일이다. 장기려 선생은 1995년 12월 25일 세상을 떠났다. 장기려 선생, 그는 1951년 전쟁 통에 북에 아내와 다섯 남매를 남겨두고 차남과 함께 내려왔다. 차남은 왜? 당시는 중공군이 젊은 사람을 닥치는 대로 죽인다는 소문이 돌았던 때, 그 나이에 해당했던 차남을 보호할 요량이었다. 그럼 왜 온 가족이 함께 내려오지 않았을까? 부모님은 연로하셨고 나머지 자녀들은 너무 어렸다. 장기려 선생은 아내에게는 '곧 다시 만나자'는 말을 남겼다고 한다. 그것이 마지막일 줄 모르고.

그렇게 체제가 둘로 나뉘고 반목의 시간은 더해졌다. 장기려 선생은 재회가 이생에서 불가능해진 마당에도 사랑하는 아내에 대한 부채감 때문에 재혼하지 않았다.

그러던 중, 1985년 이산가족 고향방문단이 결성됐다. 정부는 장기려 선생을 방북단의 일원으로 포함시켰다. 그런데 장 선생이 이를 마다했다. "이산가족이 1천만이나 있는데 어찌 나만 특혜를 입을 수 있겠는가"라며 말이다. 그때 수락했다면 최소한 아내의 생사 여부는 확인할 수 있었을 것이다. 그러다가 1991년 충격적인 편지와 사진을 받아든다. 살아서 자신을 기다리던 아내의 사연이었다. 장기려 선생은 그렇게 가족과 다시 만날 날을 기다리다가 4년 후 홀쩍 이 세상을 떠났다.

장기려 선생은 생이별한 아내와 자녀에게 쏟지 못한 사랑, 어려운 처지에 놓인 이들을 베풂으로써 마음의 빚을 갚으려 했던 것 같다. 부산에 정착한 장기려 선생은 몰려든 피난민을 대상으로 간이병원을 열어 무료진료를 시작했다. 어느 해인가, 남루한 차림의 사람이 장기려 선생에게 처방전을 받아 간호사에게 갔다. 그런데 거기에는 이렇게 적혀 있었다. "이 환자에게 닭 두 마리 값을 내주시오." 간호사가 장기려 선생 방으로 갔다. 장기려 선생은 겸연쩍은 표정으로 "영양부족이야. 아무 병이 없다며 돌려보낼 순 없잖은가"라고 했다고 한다. 병원 관계자들은 아마 '이러다 소문이 번져 동네 거지들이 다 몰려오면 어떡할 거냐'며 현실적인 고민을 토로했을 것이다. 그래서일까. 장기려 선생은 그런 비용은 자신의 급여에서 떼도록 했다.

병원 관계자들의 우려는 기우가 아니었다. 무일푼으로 치료받는 환자들이 폭증했다. 장기려 선생도 "치료비 낼 때까지 붙잡아둬야 한다"는 관계자들의 호소는 거스를 수 없었다. 결국 선생은 퇴원할 시기가 된, 가난한 환자에게 몰래 찾아간다. 그리고 "뒷문을 열어놓았으니 어서 나가라"고 이야기했다. '장기려식 배임'은 누구도 못 말리는 것이었다. 지금이야 건강보험의 보장성이 확대돼 암을 포함한 중증 질환의 치료비도 국가가 나눈다. 하지만 건강보험 없는 시절엔 어디 그랬나.

장기려 선생은 내내 그렇게 살다가 평생 공들여 만든 부산 고신의료원 옥상의 24평짜리 집 한 채만을 남긴 채 하나님 곁으로 갔다. '우리에게 온 성자'라는 말이 괜히 나온 게 아니다. 의료기술을 권력으로 여기는가 하면, 돈벌이의 수단으로 오용하는 이들로 넘쳐나는 시대, 장기려 선생에게 진료 행위는 몸 아픈 이들에게 치료를 넘어선 공감 표시 수단이었다.

그렇다. 공감이다. '강한 믿음'은 공감으로 표징된다. 공감은 거창하지 않다. 2018년 문재인 대통령의 성탄 메시지에서 인용된 박노해 시인의 시 〈그 겨울의 시〉에서 찾아볼 수 있다.

문풍지 우는 겨울밤이면
윗목 물그릇에 살얼음이 어는데
할머니는 이불 속에서
어린 나를 품어 안고
몇 번이고 혼잣말로 중얼거리시네

오늘밤 장터의 거지들은 괜찮을랑가
소금창고 옆 문둥이는 얼어 죽지 않을랑가
뒷산에 노루 토끼들은 굶어 죽지 않을랑가

아 나는 지상에서 가장 아름다운
시낭송을 들으며 잠이 들곤 했네

그렇다. 할머니가 어디에서 인권교육을 잘 받아 이런 걱정을 했겠는가. 사람은 원래 공감하도록 설계됐다. 그러나 돈과 권력은, 인간에게 '기본 옵션'으로 장착된 공감 본능을 못 쓰게 만든다. 그리고 경쟁의 논리를 조장해 개인의 욕망을 부추긴다. 세상은 혼자임을 역설한다.

눈물을 흘리시다

예수는 그 자신이 공감의 결정체다. 성경이 예수의 모든 것을 다 기록했을까 하는 의문이 들지만, 그분의 눈물 흘리는 장면을 기록한 〈요한복음〉 11장 35절 "예수께서는 눈물을 흘리셨다"는 깊은 여운을 남긴다.

이곳은 베다니라는 동네다. 나사로, 마르다, 마리아 3남매가 살고 있었다. 그런데 이 집의 가장 역할을 하던 나사로가 죽었다. 예수는 곧바로 나사로의 무덤으로 가서서 흐느껴 울었다. 즉 소리 내어 울었다. 이는 영어성경 'weep'이라는 표현에

녹아 있다. 얼굴빛이 상기된 정도가 아니다. 눈물을 감추기 위해 고개 숙이는 것도 아니다. 눈물이 고인 것도 아니다. 슬퍼서 우는 것같이 보이려고 한 것도 아니다. 대성통곡에 다름 아닌 눈물과 울음이었다. '흑흑'이 아니라 '엉엉'이다.

그런데 굳이 이 자리에서 울었을까? 우리가 믿고 있는 예수는 전지전능해서, 나사로가 죽은 사실을 이미 간파했고, 그 나사로를 살릴 계획이었다. 그런데 왜 울었을까? 예수는 주변 유대인들이 우는 것을 봤다. 그 울음에 공감을 표한 것이라고 해야 마땅하다. 이현주 목사가 이 부분을 그의 저서 《아, 그렇군요》(신앙과지성사, 2009)에서 이렇게 설명한다.

제자가 "왜 예수님이 뻔히 나사로가 살아날 것을 알았는데 우셨을까요"라고 물은 터였습니다. "자네는 감정이 이성의 통제를 받지 않는 그런 경우를 겪어본 적이 없나? 사람이라면, '가슴'이 돌처럼 굳어지지 않은 '사람'이라면 그런 경우를 당해보았겠지. 예수님도 자네와 똑같은 사람이셨네. 그분께도 느낌이 있고 생각이 있으셨어. 물론 자네 말대로 예수님은 라자로의 죽음을 슬퍼할 이유가 없으셨네. 그런 뜻에서 마리아의 눈물과 예수님의 눈물은 내용이 다르다고 봐야겠지. 마리아는 죽은 오빠에 대한 슬픔으로 울었지만 예수님은 사람들의 슬픔이 당신 가슴을 비통한 마음으로 채워서 그래서 우셨던 걸세. 아무 울어야 할 이유가 없는 사람이 사랑하는 사람을 잃은 이들의 슬픔에 가슴이 공명하여 지금 눈물을 흘리고 있네. 이보다 더 아름답고 진실한 정경을 자네는 그려볼 수 있겠는가? 예수님은 그런 분이셨다네."

나는 하나님 나라에 간 고 김대중 전 대통령의 눈물에서 예수의 눈물을 본다. 김 전 대통령은 1987년 9월, 망명과 연금 생활로 인해 갈 수 없었던 광주 망월동 묘역을 5.18광주민주화운동 7년 뒤 시점에야 처음으로 찾았다. 정말 서럽게 울었다. 이때를 회고하면서 했던 말이다. "망월동 5.18 희생자 묘역 주변에는 수만 명이 기다리고 있었다. 나는 5.18 유가족과 부상자들을 껴안고 그냥 울어야 했다. 얼마나 울었던지 그때의 광경이 잘 떠오르지 않는다."

또 하나의 장면은 1994년 1월이다. 그는 민주화운동의 평생 동지였던 늦봄 문익환 목사의 빈소를 찾았다. 고인의 영정을 보고 터진 울음은 상주 문성근 배우의 손을 잡고 오랫동안 계속되었다.

그리고 고 노무현 전 대통령의 영결식장이다. 2009년 5월, 처음 서거 소식을 듣고 "내 몸의 반이 무너진 것 같다"고 했던 김 전 대통령은 휠체어에 의지할 만큼 쇠잔해진 몸을 이끌고 영결식에 참석했다. 그러곤 권양숙 여사의 손을 잡고 마치 어린아이가 울듯 엉엉 목 놓아 울었다. 고난당한 사람을 부여잡고 같이 울 수 있는 것, 이는 예수의 품성을 닮은 것이다.

이 성서 구절과 관련해 한빛교회 홍승헌 목사가 페이스북에 남긴 글이다.

〈요한복음〉 11장 35절. 왜 성서의 편집자들은 이 단문을 한 개의 절로 분리했을까. 하나님의 아들이 눈물을 흘렸다는 사실, 이 사실이 주는 감동 때문일까. 하나님의 아들도 울었는데 우리는 이웃의 고통에 점점 무감각해 간다. 남의 아픔에 공감하는 한국사회가 돼야 한다.

예수님은 눈물만 흘리고 만 게 아니다. 나사로를 살렸다. 김대중은 어떠했나. 울기만 했나. 광주항쟁의 진상규명과 명예회복을 위해 사력을 다했다. 문익환 정신을 계승해 두 번 다시 전쟁 없는 한반도를 만들기 위해 사력을 다했다. 나의 몸 절반이 무너진 것 같다며 숨 거두기 두어 달 전, 행동하지 않는 양심은 죽은 것이라며 남은 에너지를 다 쏟아 이명박 정권과 싸울 것을 호소했다. 그리고 그 역시 홀쩍 하나님 곁으로 갔다. 눈물이 연민으로 그치는 것은 무망하다. 눈물에 더해 행동이 뒤따라야 한다. 그것이 온전한 공감이다. 그렇다면 그리스도인은 무엇을 해야 하나.

공감이라는 혁명

2018년 12월 10일 젊은 노동자 김용균은 2인 1조의 허울뿐인 작업수칙을 뒤로 하고 혼자 한국서부발전 태안발전소 컨베

이어벨트에 들어가 작업하다가 숨졌다. 티 없이 맑았던 그는, 말하자면 기본권도 목숨도 보장 못 받던 '노동 난민'이었다. 그를 죽음으로 내몬 자들의 관점에서 김용균의 목숨 값은 한없이 쌌다. 나는 불현듯 그의 빈소가 무척 싸늘할 것이라는 염려가 생겼다. 그래서 홀로 태안에 내려가 그의 영정 앞에서 고개를 숙였다. 눈물 훔치는 것으로 그칠 수 없었다. 위험의 외주화를 막기 위해 나에게 주어진 모든 역량을 발휘해야겠다고 결심했다. 아들을 비탄하게 떠나보낸 어머니 김미숙 씨의 눈물도 그러했을 것이다. 결국, 이 어머니 덕에, 아들을 지키지 못했던 무용지물의 산업안전보건법이 아쉬운 대로 보다 견고하게 다듬어졌다.

그렇다. 눈물은 혁명의 씨앗이 된다. 미국 감리교 파송 여성 선교사 미네르바 구타펠의 책 《조선의 소녀 옥분이》(살림, 2008)에는 1900년대 초 대한제국에 살던 유복이라는 어린이 이야기가 실려 있다. 이야기에 앞서 그 시절 상황을 소개한 〈한겨레〉 2016년 8월 6일 자 기사를 요약해본다.

구한말 조선을 찾은 선교사들의 눈에 비친 서울 거리는 똥 천지고 하천은 시궁창이었다. 고종의 주치의였던 독일인 의사 리하르트 뷘슈는 당시 조선인들의 낮은 위생의식을 이렇게 적었다. "서울의 길거리 청소는 견공들에게 맡겨놓은 상태다. 곳곳에 널린 대변을 개들이 먹어치우니 길의 청결 여부는 견공의 식욕에 달려 있다고 할 것이다." 조선 후기 들어 한양의 인구가 급증했다. 18세기에는 20만 명 이상이 한양 도성 안의 비좁은 공간에 몰려 살다보니 이런 일이 발생했던 것이다.

이 무렵 유복이란 어린이가 있었다. 유복이는 죽어가는 엄마 옆에서 발견됐다. 병들고 굶떴고 몸집도 작았고 아주 못생겼다. 엄마는 끝내 죽었으니 더는 유복이를 "예쁜 내 새끼"라고 할 사람은 세상에서 사라진 셈이다. 유복이를 선교사가 거뒀다. 머리는 온통 똥 딱지로 덮였다. 우선 씻기고 면도기로 머리를 밀었다. 지극정성으로 돌봤다. 아이의 얼굴에 생기와 웃음이 돌았다. 그런데 어느 날 선교사가 일하던 병원에 별명이 마귀인 할머니가 입원했다. 눈이 풀려 있었고 머리를 풀어헤쳤던 할머니는 가끔 입에 거품을 물었다. 진정제를 먹여야 평정심을 되찾던 그녀. 진정제 약발이 다 떨어지면 시트를 리본처럼 찢어 모든 사람을 황망하게 했다고 한다.

이 할머니 앞에 유복이가 나타났다. 아이는 "에이, 못되고 나쁜 할머니. 여기 있으려면 착하게 굴어야 해요"라고 훈계한다. 그러면 할머니는 "오 내 새끼, 잃어버린 손자가 돌아왔구나…"라며 화답했다. 그렇다. 이 할머니는 손주를 잃고 미쳐버렸다. 유복이는 선교사와 함께 예배에 참석했다. 그리고 열심히 성경구절을 암송했다. 그중에는 "예수께서 우셨다" 바로 이 〈요한복음〉 11장 35절도 있었다. 찬송가도 한 곡을 외워 부르려고 했는데 이 소절만 성공했다. "예수 사랑하심은 성경에 쓰여 있네."

유복이는 예배에서 배운 걸 마귀 할머니에게 가서 전했다. 그리고 할머니가 가끔 부들부들 떨 때마다 "예수님이 할머니를 사랑하세요"라고 귓속말을 했다. 그러면 할머니는 언제 그랬냐는 듯 발작을 멈췄다. 얼마 후 할머니는 이생의 한을 벗고 세상을 떠났다. 이 할머니에게 유복이가 없었다면 그 죽음이 얼마나 초라하고 슬펐을까. 그런데 할머니 사후, 유복이도 급속도로 기력을 잃어가더니 끝내 제 엄마가 있는 하늘나라로 떠났다. 유복이는 어떤가. 자신을 공감해주던 선교사를 만나지 못했다면 예수의 울음, 예수의 사랑하심 곧 공감하는 예수를 알지 못했을 것이다.

그렇다. 따지고 보니 공감은 혁명이면서 곧 사랑이다. 사랑을 잃어버린 이웃이 우리 앞에 보이는가. 이는 그 이웃을 사랑하라는 하나님의 명령임을 알아야 한다. 아직도 난민들이 눈에 밟힌다. 이 사회는 완악해서 난감한 처지에 놓은 이들을 품기는커녕 난민 신청자의 약한 처지를 이용해서 위험 업무를 떠맡기고 책임지지 않는다. 외국인 난민 신청자를 내 이웃으로 여기고 유복이로 여기고 몸 아픈 할머니로 여기고 사랑을 실천하자. 그 사랑이 (난민이 벌이는) 테러로 돌아온다는 마귀의 속삭임을 뿌리치자. 그 사랑이 하나님의 사랑을 봇물 터지듯 밀려오게 하고 아울러 은혜가 우리 사회와 공동체, 가정과 개인의 일상 속에 강물처럼 넘쳐나게 할 것이다. 그래서 이야기한다. '강한 믿음'의 척도는 '강한 공감'이다.

한 남자가 있다. 자식도 형제도 없이 혼자 산다.

그러나 그는 쉬지도 않고 일만 하며 산다.

그렇게 해서 모은 재산도 그의 눈에는 차지 않는다.

그러면서도 그는 가끔,

"어찌하여 나는 즐기지도 못하고 사는가?

도대체 내가 누구 때문에 이 수고를 하는가?" 하고 말하니,

그의 수고도 헛되고, 부질없는 일이다.

혼자보다는 둘이 더 낫다.

두 사람이 함께 일할 때에,

더 좋은 결과를 얻을 수 있기 때문이다.

그 가운데 하나가 넘어지면,

다른 한 사람이 자기의 동무를 일으켜 줄 수 있다.

그러나 혼자 가다가 넘어지면,

딱하게도, 일으켜 줄 사람이 없다.

또 둘이 누우면 따뜻하지만, 혼자라면 어찌 따뜻하겠는가?

혼자 싸우면 지지만, 둘이 힘을 합하면 적에게 맞설 수 있다.

세 겹 줄은 쉽게 끊어지지 않는다.

전도서 4장 8-12절

나에 대한 혐오   삼겹줄의 힘으로

2018년 2학기 영성훈련을 끝으로 한신대학교 신학대학원의 모든 과정을 이수했다. 초등학교부터 무려 30년, 45년산 인생의 3분의 2가 학생 신분이었다. 하교하는 길, 나는 나의 모교(강남대학교 전신 중앙신학교) 졸업가인 찬송가 〈부름 받아 나선 이 몸〉을 부르며 걸었다.

부름 받아 나선 이 몸

강남대 이야기를 덧붙여본다. 2015년 강남대 회화디자인학부 교수가 고용하던 직원을 감금 폭행했다. 심지어 인분 먹이기까지 해 '인분 교수'라는 오명도 얻었다. 강남대가 과연 이런 학교였던가. 관련하여 그해 10월 〈강남학보〉 온라인 신문에

'강남대 하면 떠오르는 사람'이라는 제목의 기고문을 냈다.

위기를 만나는 민족은 예외 없이 '뿌리 되새기기'에 나선다. 이스라엘 민족이 다른 나라에 의해 강점당할 당시, 자신이 하나님의 선택을 받았다는 점을 강조할 목적으로 '모세5경' 등 대부분의 구약성서가 저작됐다. 일제가 우리의 국권을 강탈한 시기에 단재 신채호 선생이 《조선상고사》를 저술한 것도 같은 맥락일 것이다.

강남대학교의 뿌리는 설립자 이호빈 목사다. 1946년 4월 20일. 그는 물적 기반이 전혀 없는 터에 민족 지도자를 양성하겠다는 열정 하나만으로 신학 교실을 열었다. 서울 YMCA 강의실 한 칸을 빌린 이 사설 강좌가 훗날 종합대학교로서 강남대학교의 뿌리를 이룬 것이다.

어떻게 가능했을까. 불교도이기도 한 차재윤이라는 경기도 재력가가 이호빈의 진정성만 보고 여주 토지를 쾌척한다. 그리고 함석헌, 안병무 등 민족의 스승들이 반대급부를 마다하고 강남공동체에 찾아와 후학을 양성했다.

이호빈은 가히 예언자였다. 그는 일제 강점기부터 탐욕적 자본이 약자를 억압할 것이라고 내다봤다. 아울러 교회에 갇혀버린 목사 중심의 영성운동이 쇠퇴하고, 평신도 전문가가 사회 각처에서 자기 몫을 감당하는 현장 선교의 시대가 열릴 것이라 짐작했다. 이 예지력은 물욕, 명예욕으로부터 얽매지 않는 특유의 청빈함에서 비롯됐을 것이다. 그는 더 먹히지 않고 더 짓밟히지 않는 시대를 선도할 민족의 선각자를 만들겠다며 1989년 여름 숨을 거두기까지 하루도 허비하지 않고 교육 사역에 매진했다.

강남대학교 자랑 중에 잘 알려지지 않은 것이 있다. 이호빈을 '형님'으로 모시고, 교수 또 이사장으로도 봉직한 이호운 목사, 그가 만든 노래 〈부름 받아 나선 이 몸〉이 바로 그것이다. 한국교회의 대표 찬송가로 꼽히는 이 노래는 실은 강남대 졸업가였다. "부름 받아 나선 이 몸 어디든지 가오리다 괴로우나 즐거우나 주만 따라가오리니 어느 누가 막으리까 죽음인들 막으리까" 이 노래가 제창되면서 수많은 기독교회의 사명자가 사회 각처로 파송됐다.

사람은 왜 족보를 따지고 뿌리를 되새길까. 자신의 근본과 정체성을 확인하기 위함은 아닐지. 어려운 시기를 지나는 학교 사정을 접하며, 설립자 이호빈 목사를 떠올린다. 위기를 이겨낼 답은, 왜 강남대를 세웠는지 이호빈의 진심을 되새기는 데서 찾을 수 있을 것이다.

여담을 추가한다. 한신대학교 신학대학원의 마지막 과정은 성경통독이었다. 나는 여기서 성경의 '권능'을 확인했다. 하나님의 말씀은 실로 치유의 능력이 있었다. 통독행사 전후로 불면증이 있었는데 〈민수기〉를 읽고 싹 나았다. 1장 6절에서 9절을 보면 "시므온 지파에서는 수리삿대의 아들 슬루미엘이요, 유다 지파에서는 암미나답의 아들 나손이요, 잇사갈 지파에서는 수알의 아들 느다넬이요, 스불론 지파에서는 헬론의 아들 엘리압이요" 등 아무도 궁금해하지 않는 사람과 그 아들의 이름이 줄줄이 소개된다. 〈민수기〉는 이런 얼개의 구절을 무려 13장까지 이어간다. 만약 3장까지 읽고도 잠이 들지 않으면 현대의학으로 못 고치는 거고, 5장이 되도록 잠이 들지 않으면 신앙의 힘으로도 못 고치는 것이다. 그러나 나는 1장 넘기기도 전에 안식을 취하고 말았다. 할렐루야, 우리 하나님 말씀에는 권능이 있다. 물론 조크다.

'사람'이 빠졌을 때

비슷한 시기, 나의 목회실습을 지도했던 한빛교회 홍승헌 담임목사께서 영상 연하장을 보내왔다. 온 교우와 함께 부른 〈인간의 노래〉 뮤직비디오였다. "깊은 상처 안고 사는 지친 어깨에 작은 눈길 건네는 친구는 있는가, 고통 속에 누워 서러웁게 식어가는 차가운 손 잡아줄 동지는 있는가, 살아서, 살아서 끝내 살아서 살아서 살아서 끝끝내 살아내어 나는 부르리, 자유의 노래를 함께 부르자 인간의 노래" 이런 가사다. 노래에 슬픈 배경사가 있다. 다음은 곽병찬 기자가 쓴 〈한겨레〉 칼럼(부당한 권력에 전하는 '인간의 노래')을 윤문한 것이다.

1987년 4월 일본 철도가 분할 민영화를 합니다. 민영화 1년 전까지만 해도 일본 국철노조 소속 조합원은 16만여 명이었습니다. 일본 정부와 국철이 민영화를 선포하고 나서, 조합에서 탈퇴하지 않으면 민영화 이후 재고용하지 않겠다고 압박했습니다. 전원 해고 후 선별 재고용이란 악랄하게 폭력적인 방식을 강행했습니다. 맞서 싸운 조합 집행부와 조합원 1047명은 해고됐습니다. 불과 1년 만에 12만 명이 조합에서 이탈했습니다. 조합은 소수자로 전락하고, 민영화를 막을 힘을 상실했습니다. 그때 이탈한 사람들조차 평생 배반자라는 자책감 속에 살아가야 했으니, 그들 또한 희생자였습니다. 쫓겨난 이든 남은 이든 안녕한 이는 아무도 없었습니다. 이 철도 민영화를 전후해 국철 노조원 200여 명이 자살합니다. 사업장에서 목을 맨 채 발견된 젊은 노동자들이 줄을 잇는 등 우리의 동지는 추풍낙엽처럼 스러져 갔습니다. 그때 제발 죽지 말고 살아서, 살아서 싸우자며 간절히 염원한 노래, 그것이 바로 〈인간의 노래〉입니다.

그래서 '살아서'라는 가사가 이 노래에서 반복되는가 보다. 기시감이 있다. 한국 쌍용자동차라는. 집단 해고 사태 이후 10년의 세월 동안 쌍용차공동체는 30명의 궂은 소식을 알려야 했다. 비극의 당사자가 노동자 당사자인 경우도 있었지만, 그 가족이 비관에 짓눌려 다시 돌아올 수 없는 길을 떠난 예도 있었다. 그렇다. 〈인간의 노래〉의 배경이 된 일본 국철 민영화 사태의 흐름과 닮아 있다. 철도 민영화 이후 1990년대부터 일본은 어떻게 됐을까? 노동자 저항을 제압하고 경영 효율화를 달성했으니 당연히 경기와 경제가 살아나야 하지 않을까? 아니다. 경제는 장기 침체에 빠졌다. '잃어버린 10년' 혹은 '잃어버린 20년'은 이때 시작됐다. 자본가는 살찌고 노동자는 배고파졌다. 즉 '평생직장'의 개념이 허물어지면서 안정된 일자리는 대거 사라졌고 사회는 활력을 잃어갔다. 뒤이어 자산가치가 폭락하고, 금융부실은 커졌다. 이건 또 우리의 무엇과 닮았나? 그렇다. 지난 20년 우리의 정신세계까지 파고든 신자유주의와 '빼박'이다. 그래서 자본의 야만성에 제동을 걸자며 경제민주화가 대안으로 제시됐다. 그러나 정치적 구호로 소비되고 말았다. 기업의 이득이 아닌 노동자의 소득을 올려 분배 정의를 확대하는 방안이 제시됐다. 그러나 영세 자영업자를 방패 삼은 자본 권력의 저항에 갈 길이 막히고 말았다. 자본이 일러주는 길을 따라가다가 사방이 막히고 말았다.

무엇이 빠졌기에 일본의 구조조정은 실패했을까. 또 한국의 구조조정은 실패했을까. 그렇다. 인간이 빠졌다. 사람의 값을 싸게 매기고 그만큼 이윤을 보태는 세상. 가진 자는 더 가지고 없는 사람은 더 없어지는 그래서 '잘난 사람 잘난 대로 살고 못난 사람 못난 대로 사는' 식으로 계급이 고착되고 갑질이 만연하는 우주가 되었다. 비단 경제만이 아니다. 사람이 없는 정치개혁, 사람이 없는 사법개혁, 사람이 없는 종교개혁, 사람이 없는 언론개혁… 사람이 빠지면, 제아무리 레짐 체인지라도 권력자의 얼굴만 바뀔 뿐 아무런 변화, 발전, 진보를 기할 수 없다.

사람을 지향한다는 건

그렇다면 사람을 지향한다는 말은 무엇일까. 공동체를 튼튼히 하는 것이다. '인간은 혼자 살 수 없다'라는 흔한 말을 되풀이 하려는 게 아니다. 사실 현대 사회에서 개인과 개인의 기본권 은 가장 우선된 가치라 하겠다. 그러나 이는 공동체의 질서와 윤리가 수반돼야 지탱할 수 있는 것이다.

책 제목에서 그해의 트렌드를 읽는다는데 〈한겨레〉 '2018 베스트셀러 결산'에 소개된 '2018년 가장 많은 사랑받은 책' 은 제목부터 의미심장하다. 《모든 순간이 너였다》 《무례한 사 람에게 웃으며 대처하는 법》 《나는 나로 살기로 했다》 《하마터 면 열심히 살 뻔했다》 《당신에게 눈치를 선물하고 싶습니다》 《그럼에도 내키는 대로 산다》 《게을러도 괜찮아》 《오늘은 내 마음이 먼저입니다》 《이제부터 민폐 좀 끼치고 살겠습니다》 등이 그렇다. 그러면서 〈한겨레〉는 독일에서 출간된 사회학자 하이케 라이트슈의 책 《나 우선주의》(Ich Zuerst!, 2019)도 꼽 았다. 신자유주의, 경쟁지상주의, 디지털 만능주의가 공동체적 가치를 심각하게 훼손하고, 개인들이 '나만의, 나만에 의한, 나 만을 위한' 생각과 행동에 몰두하면서 '우리'가 사라진다고 우 려한 내용이었다. 현실에 비추어 이론의 여지가 없다.

때를 같이해 종교가 급속도로 퇴조하고 있다. 종교는 지금 기독교와 비기독교 가릴 것 없이 존폐의 위기에 직면해 있다.

교당은 비어가고, 전통적 선교·포교 방법은 먹히지 않는다. 특히 젊은이의 이탈은 손쓸 방도가 없다. 종교가 공동체 번영에 대해 관심을 두지 않은 데서 비롯된 사달이다. 오로지 개인의 죄, 개인의 질병, 개인의 번영, 개인 구원에만 관심 두게끔 가르쳐왔다. 특히 공동체의 행복에 대해 관심 두지 않도록 했다. 툭하면 너희의 욕망이 요구하는 대로 행동하라, 신은 그 욕망에 기름 부음 즉 정당성 부여를 할 것이라고 가르친다.

그런 의미에서 〈전도서〉가 각별하다. 〈전도서〉는 행복을 이야기하는 성서다. 이때에도 상거래가 활발했고 따라서 이윤을 극대화하려는 욕망이 꿈틀댔을 것이다. 그렇다면 당연히 경쟁에서 살아남고자 하는 본능이, 더불어 살자는 공동체 정신을 압도했을 것이다. 〈전도서〉 저자는 '자기애'에 주목했다. 여건만 되면 누구나 몰입하게 될 장래의 자기애까지. 자기애라는 것은 별거 아니다. 로버트 그린은 《인간 본성의 법칙》(위즈덤하우스, 2019)에서 이렇게 정의했다. "그들은 흔히 남들을 자신의 연장선상으로 본다. 소위 '자기 대상'(Self object)라고 보는 것이다. 그들에게 사람은 관심과 인정을 위해 존재하는 '도구'다. 그들은 남들을 자신의 수족처럼 마음대로 부리려는 욕구를 갖고 있다."

이 역시 기시감이 있다. 20세기 초에는 다윈의 진화론이 '진리'로 대접받았다. 이는 인종 사이에도 우열이 가려진다고 믿게 했다. 구한말 지식인 상당수는 조선을 열등한, 일본을 우월한 존재로 인식하게 했다. 약육강식으로 정의할 이것을 누군가는 우생학의 정당성을 뒷받침하는 구실로 썼다. 재벌 2세, 3세가 종업원 등을 인격적으로 모멸하며 우월함을 과시하려는 행태만 봐도 이 빌어먹을 주장이 현대 사회에도 깊이 뿌리내려 있음을 알 수 있다. 하지만 아닌 것은 아닌 것이다. 곤충부터 포유류까지 언어와 감정을 공유하기 힘든 생명체도 더불어 의존하며 산다.

진짜 지식인이라면 진화론이 맹위를 떨치던 시기에 나온 표트르 A. 크로포트킨의 《만물은 서로 돕는다》(1902)를 참고해, 적자생존의 세상에서 진화 즉 인간화를 이끄는 또 다른 본능으로 '협동'이 있음에 주목해야 한다. 책에서 언급한 대로 "한 무리의 반추동물이나 말들이 늑대의 공격에 맞서 둥근 원을 형성하는 것"은, "늑대들이 무리 지어 사냥하는 것"도, "프랑스 땅만큼 넓은 지역에 흩어져 있던 수천의 다마사슴들이 제각기 여러 무리로 뭉쳐서 저마다의 장소에 집결한 후 강을 건너는 행동"까지 인간만의 특질 '희노애락애오욕'에서 비롯된 것일 수 없다. 그러니까 이해할 필요가 없다. 협동은 뭇 생명체에게 생존을 위한 본능이다.

나에 대한 혐오를 넘어

〈전도서〉는 협동하며 사는, 이로써 행복을 누리는 삶을 이야기한다. 4장 8절부터 등장하는 한 인물은 오늘의 언어로 말하자면 '일벌레'이다. 돈은 적잖게 벌었을 것이다. 그런데 그 돈은 과연 행복을 담은 반대급부일까. 〈전도서〉의 말이다.

한 남자가 있다. 자식도 형제도 없이 혼자 산다. 그러나 그는 쉬지도 않고 일만 하며 산다. 그렇게 해서 모은 재산도 그의 눈에는 차지 않는다. 그러면서도 그는 가끔, "어찌하여 나는 즐기지도 못하고 사는가? 도대체 내가 누구 때문에 이 수고를 하는가?" 하고 말하니, 그의 수고도 헛되고, 부질없는 일이다. _전도서 4:8

다시 로버트 그린의 말이다.

심한 자기도취자 중에서 재능이 뛰어난 일부는 일에서 구원을 얻기도 한다. 이들은 자신의 모든 에너지를 일에 집중시켜 그 업적을 통해 그토록 갈망하는 관심을 얻는다. (중략) 그런데 대부분의 심한 자기도취자들은 일에 집중하는 것이 힘들 수 있다. 자존감이라는 온도조절 장치가 없는 그들은 남들이 나를 어떻게 생각할까를 끊임없이 걱정하는 경향이 있고, 그렇게 되면 장시간 외부에 관심을 집중하거나 일에서 오는 걱정이나 조바심에 대처하기 힘들어진다.

그렇다. 〈전도서〉도 로버트 그린도 '일벌레'가 다른 이에게 좌지우지되는 '평판의 노예'임을 지적하며 행복의 길에서 크게 이탈했음을 지적하고 있다. 이를 극복할 수 있는 길은 무엇인가. 수많은 군중 속에 있음에도 고독감의 지배를 받는 삶, 여기서 나와 공동체의 일원이 되는 것이다. 에둘러 교회 나오라고 이야기하는 게 아니다. '나 혼자 살 수 없음'을 자각하라는 뜻이다. 왜 많은 이들이 옥상으로, 한강 다리로 가는가. 누구도 나의 짐을 덜어줄 수 없다고 판단했기 때문 아닌가. 이는 나에 대한 혐오다.

프란치스코 교황의 마다가스카르 미사 강론은 '나에 대한 혐오'의 기저를 정확히 짚어낸다. "타인을 위한 아무런 자리도 남겨놓지 않고, 자신만의 작은 세상에 갇히는 유혹", 즉 "가난한 이들이 더 이상 들어오지 못하고, 하느님의 목소리가 더 이상 들리지 않으며, 그분 사랑의 달콤한 기쁨을 더 이상 누리지 못하고, 선을 행하려는 열정도 더 이상 두근대지 않는" 상태다. 나는 과연 어떠한가. 이제 〈전도서〉의 답을 경청하자.

〈전도서〉는 삼겹줄을 이야기한다. 끈 하나는 쉽게 끊긴다. 그러나 둘이면 큰 힘을 들여야 끊긴다. 그런데 세 겹이라면? 천만이 넘게 촛불을 든 촛불혁명, 천만 겹의 줄을 제아무리 강고한 권력 즉 총포를 앞세운 군이 제압한다고 해도 끊어지겠나? "삼겹줄은 쉽게 끊어지지 않는다"라고 했다. 홀로 단단한 끈이 되지 말고, 두 개 이상의 끈과 뒤엉켜 삼겹줄을 이뤄보자. 상대의 줄이 얇다고 재질이 약하다며 탓할 필요가 없다. 모두가 하나가 되는 이상. 삼겹줄은 하나다.

야곱이 브엘세바를 떠나서, 하란으로 가다가,
어떤 곳에 이르렀을 때에, 해가 저물었으므로,
거기에서 하룻밤을 지내게 되었다.
그는 돌 하나를 주워서 베개로 삼고, 거기에 누워서 자다가,
꿈을 꾸었다. 그가 보니, 땅에 층계가 있고,
그 꼭대기가 하늘에 닿아 있고,
하나님의 천사들이 그 층계를 오르락내리락 하고 있었다.
주님께서 그 층계 위에 서서 말씀하셨다.
"나는 주, 너의 할아버지 아브라함을 보살펴 준 하나님이요,
너의 아버지 이삭을 보살펴 준 하나님이다.
네가 지금 누워 있는 이 땅을,
내가 너와 너의 자손에게 주겠다.
너의 자손이 땅의 티끌처럼 많아질 것이며,
동서남북 사방으로 퍼질 것이다.
이 땅 위의 모든 백성이 너와 너의 자손 덕에
복을 받게 될 것이다.

창세기 28장 10-14절

야곱의 하나님은 팔레스타인의 모슬렘을 짓밟지 않았다

야곱과 에서는 쌍둥이였다. 간발의 차이로 먼저 태어났으니 에서가 형이다. 한 시기에 엄마 배 속에 함께 있던 둘이었지만, 자라면서 두 사람의 성격 즉 성품과 지향하는 바의 차이가 점점 벌어진다. 에서는 힘이 셌다. 한마디로 강했다. 야곱은 그보다는 못했지만, 머리 회전이 유난했다. 한마디로 영악했다. 그러다가 일이 벌어졌다. 어느 날 사냥에서 돌아온 에서의 코를 팥죽이 간지럽혔다. 야곱이 끓이고 있었던 것이다. 에서는 이를 달라고 했다. 그러자 야곱이 한 가지 제안한다. "형이 가진 맏아들의 권리를 나에게 주시오. 그러면 드리리다"라고. 에서는 대수롭지 않게 '그러지, 뭐'라고 수락하더니 팥죽을 재촉했다.

에서가 가벼이 여긴 맏아들 권리는 실로 대단했다. 유산 우선 승계 권리가 그렇다. 이로써 장자권은 야곱에게 넘어갔다.

에서는 뒤늦게 자신의 장자권 이양이 갖는 의미와 야곱에게 넘어간 권리의 가치를 알게 됐다. 속았다고 팔짝 뛰어봐야 무슨 소용이 있겠나. 야곱에게는 눈곱만큼의 거짓이 없었는데. 말보다 행동이 앞서는 에서, 야곱에게 그 권리를 돌려내라고 했다. 야곱이 응할 리 만무했다. 하는 수 없었다. 에서는 회수할 강제적 방법을 찾았다. 그것은 바로 야곱을 살해하는 것이었다. 상황이 이렇게 되면서 야곱은 절체절명 위기에 놓였다. 때는 힘이 법을 압도하던 시대 아닌가. 게다가 시퍼렇게 두 눈 뜨고 살아 있는 아버지 이삭도 자기편이 아니었다. 야곱은 줄행랑을 친다. 〈창세기〉 28장은 그 행로를 조명한다.

싸움, 다툼, 분쟁 속에서

싸움 중에 가장 잔혹하고 비정한 것이 가족 간 분쟁이다. 피차 상대를 잘 알기 때문에 싸움은 일단 개시되면 격렬하고 잔인해진다. 죽여야 확실히 제압된다는 계산은 에서만의 것이 아니다. 잘 모르는 사람끼리 싸우면 서로의 패를 알지 못하는 한계 때문에 어느 지점에 가서는 신중해질 수 있지만 형제, 자매, 남매 간이 어디 그러한가. 그래서 죽여야 마음이 편한 것이다. 그런다고 상대는 죽어주나? 자기도 살려 하고 이기려 하므로 기를 쓰고 방어한다. 어떻게 방어하냐고? 역시 상대를 죽이는 수만 있다.

집안싸움의 백미는 역시 재벌가 다툼이다. 이완배 〈민중의 소리〉기자가 이 분야 최고 전문가다. 그의 글을 인용한다.

삼성, 현대, 두산, 롯데, 효성, 금호…. 자칭 타칭 한국을 대표하는 세계적 기업들은 이보다 더 심하다. 동생과의 경영권 분쟁에서 패해 두산그룹을 떠났던 박용오 전 두산그룹 회장 2009년 스스로 목숨을 끊었다. 경영권 분쟁 과정에서 박 회장은 "형제들이 비자금 1000억 원을 조성했다"라며 피붙이들을 대상으로 검찰에 진정서를 냈다.

막장의 끝은 역시 롯데그룹인데, 장남과 차남의 경영권 분쟁 과정에서 차남이 '아버지의 정신이 오락가락한다'라며 아버지를 총괄회장 자리에서 해고하는 희대의 모습을 연출하기도 했다. 기업을 경영자, 노동자, 주주, 지역주민의 사회적 합의체로 보는 것이 아니라 '내 것' 혹은 '내 가족의 것'이라고 보는 시각. 바로 이것이 '형제의 난'을 부르는 근본적 이유다. 한국의 재벌들에게 기업은 내 것이자 가족의 것이다.

그런데 여기서 현대 가문을 빼놓으면 핵심을 빠트리는 것이다. 그래서 이른바 '왕자의 난'은 꼭 짚어야 한다. 2000년 창업자 정주영은, 장남 정몽구와 아버지로부터 '후계자'로 낙점받은 정몽헌 둘 사이에서 차기 지도력을 결정해야 할 상황이었다. 두 아들에게 '공동회장'이라는 모호한 직함을 부여함으로써 당장의 갈등과 경쟁을 봉합하려 했지만 권력은 나눌 수 있는 게 아니다.

2000년, 정몽구는 정몽헌의 최측근(이익치 현대증권 회장)에 대해 전보 조처를 내린다. 동생 정몽헌에 대한 견제인 동시에, 제조업(자동차) 이후의 먹을거리인 금융업을 손에 집어넣을 심산이었다. 정몽헌은 즉각 이익치 발령을 무효로 한다. 그리고 정몽구를 공동회장직에서 쫓아낸다. 그러자 정몽구는 아버지를 만나 '회장직 복귀 명령'을 받아낸다. 그러자 몇 시간 뒤 정몽헌은 그 명령을 무효화시켰다. 판단력이 흐려진 아버지를 끌어들인 아들의 패륜적 경쟁, 끝내 정주영이 직접 현대 경영자협의회에서 '정몽헌 단독 회장 체제'를 공식 승인한다. 정몽구가 완패한 것이다. 이것을 전문 용어로 '상처뿐인 영광' 또는 '승자 없는 전쟁'이라고 하던가. 내 형이 정몽구이고, 내 동생이 정몽헌이 아닌 것, 그것을 복으로 여김이 마땅하다.

편드시는 하나님

가족 간 갈등이 있는 분에게 애써 화해하라고 말하지 않겠다. 갈등은 예수의 수제자격인 바울과 베드로 사이에서도 있었다. 억지로 하는 화해가 화해겠는가? 죄의식을 가질 필요 또한 없다. 가족이라고 특별히 더 잘 지내야 할 이유도 없다. 갈등을 해소하는 훈련이 안 된 것이 문제이지, 갈등 자체가 문제일 수 없다. 그래서 필요한 것이 냉정이다. 갈등이 고된가? 하나님이 준 '시간'이라는 '약'을 받아라. 갈등을 봉합하기 어려우면 분쟁 당사자 간 냉정함을 취하는 기간을 가져야 한다.

장자권이라는 말과 개념은 오늘의 것이 아니다. 그런데 당시엔 형제끼리 쫓고 쫓기는 상황이 연출됐다. 야곱도 자신이 겪는 고난에 대해 그리 억울해하는 것 같지도 않다. 끝내 형 앞에서 무릎 꿇고 눈물 흘리며 사죄하지 않았나. 피장파장인 두 사람, 그런데 하나님은 "나는 주, 너의 할아버지 아브라함을 보살펴 준 하나님이요, 너의 아버지 이삭을 보살펴 준 하나님이다. 네가 지금 누워 있는 이 땅을, 내가 너와 너의 자손에게 주겠다. 너의 자손이 땅의 티끌처럼 많아질 것이며, 동서남북 사방으로 퍼질 것이다. 이 땅 위의 모든 백성이 너와 너의 자손 덕에 복을 받게 될 것이다."(창세기 28:13-14)라고 말한다.

이런 의문이 든다. 하나님은 왜, 지질함이 하늘을 찌르는 두 형제 사이에서 굳이 한쪽의 편을 들려 하는 것일까? 방임해도 손해가 아닌데. 여기서 분명히 전제할 것이 있다. 야곱이 받은 은혜는 특정 조건을 갖춰야 얻는 혜택이 아니라는 점. 어떤 이들은 아브라함, 이삭의 계보를 이어 다윗, 예수로 이어지는 '믿음의 족보'를 완성하기 위해 야곱을 편들어줬다고 보는 모양인데, 상상력도 능력은 능력이다. 신은 자존감이 바닥으로 떨어진 이들 곁에 본능적으로 임재하는 존재다. '야곱에 편파적인 하나님'의 진의가 이러하다.

하나님은 고통 가운데 있는 사람이라면 누구라도 가리지 않는다. 교회 출석하는 사람 혹은 세례를 받거나 천주교에서 영세 받은 사람만 챙기지 않는다. 하나님으로부터 숨을 허락 받은 모든 이들을 대상으로 한다. 그렇다면 고통을 어떻게 호소하고, 위기를 어떻게 탈피하는가. 기도하는 것이다. 개역개정판 성경에서 했던 하나님의 언급이다. "내가 너와 함께 있어 네가 어디로 가든지 너를 지키며 너를 이끌어 이 땅으로 돌아오게 할지라 내가 네게 허락한 것을 다 이루기까지 너를 떠나지 아니하리라"(창세기 28:15). 〈예레미야〉 33장 3절의 약속도 주목해보자. "너는 내게 부르짖으라 내가 네게 응답하겠고 네가 알지 못하는 크고 은밀한 일을 네게 보이리라"(개역개정).

이런 도발적인 질문을 던져본다. 하나님은 분쟁 중인 이스라엘과 팔레스타인 사이에서 누구 편을 들까? 때마침 한국의 극우단체 시국 집회에 (태극기와 미국의 성조기는 물론) 이스라엘 국기까지 등장했다. 아랍 전문가인 김동문 선교사는 뜬금없는 이 퍼포먼스와 관련해, 이슬람교의 가장 강력한 맞상대가 되는 이스라엘의 전략적 위치를 주목하라고 말한다. 즉 극우단체 집회의 핵심축인 보수 개신교도가 이슬람교도에 대한 혐오의 표시로 이스라엘 국기를 들고 나온다는 것이다.

강자를 지향할 때

한국기독교총연합회 대표회장 전광훈 씨가 자신이 목회하는 교회에서 했던 설교 중 일부다.

이슬람 나라들이 전 세계를 이슬람화하기 위해 특히 한국을 이슬람화하기 위해 작전을 펼치고 있다. 대표적인 방법이 재정으로 지원하여 이슬람 청년들을 한국에 보내 한국 처녀나 대학생을 돈으로 꾀고 어떻게 해서라도 임신하게 하여 이슬람 나라로 데려가고 있다. 그래서 지금 한국의 수없는 처녀가 임신하여 신랑의 나라로 끌려가고 있다. 이슬람 총각을 한국으로 보낼 때 나라에서 총각 증명서를 발급해주고 있다. 문재인 대통령 잘 듣고 있나? 그러한 우리나라 처녀를 구출해야 하는 거야. 대통령이 돼서, 지금도 휴가 가서 호텔에서 뒤집어 놀고 있지, 너! 나라 다 망가뜨려 놓고. 미쳤어. 미쳤어. 한국이 이자 없는 이슬람 돈을 멍청한 이명박 때부터 쓰고 있다. 이게 이자 없는 공짜가 아니다. 17개 광역도시에 이슬람 사원을 지어주는 대가다. 이것은 박정희 때부터 시작했고, 한남동에 이슬람 사원을 지어놨다. 지금 우리나라 안산에 이슬람 사람들 1만 명이 모여 사는데 경찰이 들어갈 수가 없다. 또 전라도 익산에다가 1만 명을 또 만들려고 하고 있다. 경상도 김해에는 1만 명이 벌써 다 되어가고 있다. 지금 나라가 주체사상이 문제가 아니라 이슬람 때문에 무너지게 생겼다.

물론 어느 것 하나 사실에 기반함이 없는, 가짜뉴스 박람회다. 김동문 선교사는 극우 개신교 세력의 이따위 아랍 혐오를 하나하나 반박한다. 모슬렘 인구가 증가(해서 기독교 문명권에 침투)하지 않고, 다른 서방국가와 달리 테러를 밥 먹듯이 하지 않으며, 여성 혐오가 일반적이라는 주장과 달리 극히 일부의 일탈일 뿐이고, 쿠란에 나온다는 기독교 적대도 전쟁 시에 한정된 주장에 불과하다는 것이다. 그렇다면 극우개신교 주장은 이슬람에 대해 혐오와 적개심을 강화하고 그렇게 해서 보수교회의 내부 결속을 노리는 의도로 봐야 한다. 일명 '외부의 적 만들기' 전략. 이슬람교뿐인가. 동성애가 그렇고, 공산주의가 그랬으며, 일제 강점기 때에는 일본 제국주의와 결탁해 미국마저 공적(公敵)이 됐다. 사랑을 가르치는 종교, 예수교가 혐오 없이는 존립하기 힘든 종교로 전락한 셈이다.

비교종교학 수업을 듣던 학부 1학년 때에 나는 한남동 이슬람 사원에 찾아가 성직자(이맘)와 만난 일이 있었다. 아무런 사전 연락을 안 한 상태에서 말이다. 솔직히 말하자면 연락할 용기가 없었다. 해코지 당할까 염려했던 것이다. 편견은 이렇게 부지불식간에 인식체계를 지배한다. 그런데 불청객인 나를 대한 이슬람 성직자는 "잘 오셨습니다. 이슬람교는 평화를 숭상합니다. 예수님도 존경합니다"라고 말했다. 인상도 빈 라덴 닮았을 것이라는 선입견과 달리 매우 온화했다. 돌아오면서 '믿어서는 안 돼. 그 사람 말은 거짓이야'라는 생각과 '그렇지. 저 이슬람 무장세력의 행태와 이슬람을 동일시하는 것은 애초 무리였어'의 생각끼리 내전을 벌였다. 내 머릿속은 복잡했다.

질문 하나 더 한다. 이번엔 이스라엘 국기를 드는 보수 개신교인에게 묻는 것이다. 심심하면 팔레스타인 지역을 포격하는 이스라엘에 대해 어찌 생각하는가. 또 팔레스타인 생활 공동체를 초토화할 포탄에다가 조롱과 저주의 글귀를 써넣는 일부 이스라엘 국민의 행태는 어떻게 보고 있는가. 또 인도적인 처우를 보장하라며 단식 투쟁 중인 팔레스타인 수감자(가 머물고 있는 이스라엘 교도소) 앞에서 바비큐 파티를 벌이는 일부 이스라엘 극우의 행태는 어떻게 생각하는가.

국가는 시민사회를 기반으로 형성돼야 한다. 그런 나라가 민주주의, 자유주의에 충실하다. 반면 민족을 기반으로 한 국가는 위험하다. 시민 위에 민족이 있기 때문이다. 그리고 인권, 기본권은 차후 순위에 둔다. 이스라엘이 어떠한가. 위키백과에서 옮긴 〈독립 선언서〉를 보자. 아래와 같이 시작된다.

에레츠 이스라엘은 유대인의 탄생지였다. 이곳에서 그들의 영적인, 종교적인, 그리고 정치적인 정체성이 형성되었다. 이곳에서 그들은 처음으로 국가적 지위를 이루었으며, 국가적 또 세계적인 중요성을 지니는 값진 문화를 만들었고 세상에게 성경을 주었다.

1994년 이스라엘 의회는 법률 개정을 통해 "이스라엘에서의 기본 인권은 존중받을 것"이라고 명목상 천명하기까지, 아니 그 이후로도 인권은 차별적으로 부여하는 권리였다. 그들의 중심 이념은 유대 우월주의에 지나지 않는 '시오니즘'이라 하겠다. 이스라엘 인구의 20%를 점하는 아랍인들, 대개는 이스라엘 분립 이후에도 남아 있는 토착민인 그들은 지금도 하층민으로 취급받고 있다.

〈창세기〉 28장에서 야곱은 야곱이어서가 아니라, 즉 예수의 조상이어서 하나님의 위로를 받은 게 아니다. 비루한 처지에서 신의 가호를 구하는 처지가 돼 그러하다. 이스라엘은 이스라엘이어서, 즉 성서의 주무대여서 하나님의 편달을 받은 게 아니다. 강대국에게 침탈당하고 급기야 강제 점령되는 처지에 놓여 그러하다.

강력한 메시아를 희구하던 이스라엘 백성의 기대를 무시하면서 하나님이 약자의 옷을 입혀 당신의 외아들을 이 땅에 보낸 이유를 주목해야 한다. 강자일 때, 강자를 지향할 때, 하나님의 관심은 끊긴다. 하나님은 성서로 기록·전승되지 않아도 세계 각지 고난받는 현장에서 신음하는 당신의 피조물과 함께했고, 함께할 것이다. 그렇다면 이웃나라와 민족을 업신여기고, 돈으로 군사력으로 강성대국화하려는 이스라엘 민족. 그 이스라엘 민족의 힘 자랑을 동경어린 시선으로 바라보는 한국의 극우적 신자들, 모두 정신 차려야 한다.

단언컨대 하나님은 이스라엘 편이 아니다. 이스라엘은 스스럼없이 이슬람을 악으로 규정하고 반드시 단죄하자고 독려한다. 그렇다면 영국 종교철학자 크리스토퍼 도슨이 한 말로써 반박된다. "악에 대항하기 위해서라면 모든 수단이 용납된다는 판단을 내리는 순간, 선은 애초에 파괴하려고 했던 바로 그 악과 구별할 수 없게 된다." 혐오는 중단돼야 한다. 혐오는 하나님과 대적하는 것이다. 이러한 기도로 갈음한다.

> 하나님, 당신은 이스라엘의 하나님만이 아니십니다. 이스라엘로부터 고난받는 팔레스타인의 하나님이십니다.
> 하나님, 당신은 기독교 문명으로 역사가 다져진 유럽의 하나님만이 아니십니다. 그 유럽 사람들로부터 학대와 천시를 당하는 난민의 하나님이십니다.
> 하나님, 당신은 대통령이 취임선서 때 성경에 손을 얹는 미국의 하나님만이 아니십니다. 미국 사회에서 무시당하는 히스패닉, 미국 정착을 희망하며 행진해왔지만 미국의 높은 장벽에 가로막혀 있는 중미 이민자들, 캐러밴의 하나님이십니다.
> 하나님, 당신은 초단기간 엄청난 수의 기독교인과 교회를 양산한 한국 개신교의 하나님만이 아니십니다. 그들로부터 억압을 당하는 난민, 모슬렘, 동성애자의 하나님이십니다.
> 하나님, 우리가 항상 잃어버린 자의 역성을 드는 편파적인 하나님을 잊지 않게 하시고 당신과 함께 낮은 데로 임하게 하옵소서. 약자를 편드는 예수 그리스도의 이름으로 기도합니다. 아멘.

예수께서 베다니에서 나병 환자였던
시몬의 집에 머무실 때에, 음식을 잡수시고 계시는데,
한 여자가 매우 값진 순수한 나드 향유 한 옥합을 가지고 와서, 그
옥합을 깨뜨리고, 향유를 예수의 머리에 부었다.
그런데 몇몇 사람이 화를 내면서 자기들끼리 말하였다.
"어찌하여 향유를 이렇게 허비하는가?
이 향유는 삼백 데나리온 이상에 팔아서, 그 돈을 가난한 사람들에게
줄 수 있었겠다!" 그리고는 그 여자를 나무랐다.
그러나 예수께서 말씀하셨다. "가만두어라.
왜 그를 괴롭히느냐? 그는 내게 아름다운 일을 했다.
가난한 사람들은 늘 너희와 함께 있으니,
언제든지 너희가 하려고만 하면, 그들을 도울 수 있다.
그러나 나는 언제나 너희와 함께 있는 것이 아니다.
이 여자는, 자기가 할 수 있는 일을 하였다.
곧 내 몸에 향유를 부어서,
내 장례를 위하여 할 일을 미리 한 셈이다.
내가 진정으로 너희에게 말한다.
온 세상 어디든지, 복음이 전파되는 곳마다,
이 여자가 한 일도 전해져서,
사람들이 이 여자를 기억하게 될 것이다."

마가복음 14장 3–9절

예수에게 '여친'이 있었다

중국 후한말의 조조(曹操). 역사는 그를 가장 위대한 헤드헌터로 평가한다. 조조는 동양적 됨됨이라 할 수 있는 인품, 의리, 예절, 지식 이런 거는 따지지 않고 오로지 '실력'만 봤다. 그 '실력'만 있으면 심지어 점령지 적군 중에서도 발탁했다. 그래서 황건적, 산적 중에 조조의 수족이 나오기도 했다. 그렇다면 실력이란 무엇인가. 전쟁 수행 능력일 것이다. 그것이라면 자신에 대한 충성심도 뒷전에 둘 수 있었던 배포가 있던 사람 조조.

예수 주변에는 그런데 실력은커녕 기본적인 충성심도 결여된 오합지졸투성이였다. 우선 위엄이라고는 눈곱만큼도 없던 베드로, '세리'로 모든 것이 설명되는 마태, 의심 많은 도마, 오늘로 말하자면 극좌 정당인 열심당 당원인 시몬 그리고 누구나 다 아는 '이스라엘판 이완용' 가룟 유다만 봐도 그렇다.

이런 라인업으로 과연 하나님 나라를 이 땅에 실현하는 사역이 가능할 것이라고 예수는 생각했을까? 모름지기 '팀'이라면 지식과 덕망을 갖춘 (것으로 간주하던) 바리새인이나 율법학자, 제사장이 한 명이라도 포함됐어야 구색이 갖춰졌을 것이다.

따지고 보니 실력만이 아니다. 짐승도 있다는 의리마저 없었다. 당연했다. 제자들은 예수의 메시지를 잘못 읽다가 수차례 질책당하기도 했다. 그러면 예수가 주무시는 사이에 그룹 스터디라도 해서 스승의 진의가 무엇인지 고민해야 할 것을, 자기들끼리 모여서는 누가 우선된 자인지를 놓고 도토리 키재기를 했다. 잿밥에 관심 많았던 거다. 그들에게 예수는 훗날 세상 권세를 한 손에 쥐고 분배해줄 정치적 메시아였을 테니까. 끝내 '인증'되지 않았던가. 예수가 맥없이 십자가에 달려 죽자 모래알처럼 흩어진 것으로써. 한마디로 형편없는 인간들이었다.

예수가 선택한 제자

그러나 예수의 선택이 꼭 틀렸다고 볼 수 없다. 알맞게 팀을 구성했다고 말할 수도 없겠지만. 그렇다면 무슨 명분으로 오합지졸 브라더스의 간택을 이해할 수 있을까? 하나의 코드가 읽힌다. 그것은 '모자람'이다. 사실 지도자 중에는 '깜냥 안 되는 사람'을 스태프에 발탁하기도 한다. 이는 그 사람의 약점을 이용해 (또 그 사람의 황송해하는 마음을 이용) 더욱 충성하게 하도록 하는 취지일 것이다. 그 사람의 잠재력, 미래가치를 보고 투자하는 게 아니다. 예수는 이와 결이 다르다. '부족함'을 최대 덕목으로 삼은 것이다.

제자들이 예수 십자가처형 사건을 전후로 배반자가 됐음은 주지의 사실이다. 그러나 인생 말년의 행보는 이와는 완전히 결이 달랐다. 기록된 전승에 따르면 그들은 대부분 '순교'했다. 첫 번째 순교자 세베대의 아들 야고보는 칼로 목이 베여 죽었고(사도행전 12:1-2), 마태는 칼에 맞은 후 시름시름 앓다 죽었으며, 알패오의 아들 작은 야고보는 돌 맞아 중상을 입은 가운데 끝내 참수당해 죽었고, 유다와 시몬은 예수처럼 십자가형을 당해 죽었고, 도마는 칼에 찔려 죽었다. 예수님의 동생 야고보는 30m 높이에서 던져졌고 그래도 살아 있자 곤봉에 맞아 죽었다. 이야기 들어보니 안드레는 십자가에서 죽을 때 "이 순간을 기다렸다"라며 행복해했다고 한다. 베드로는 예수님보다 더 고통스럽게 죽겠다며 거꾸로 십자가에 달려 죽었다고 알려져 있다. 물론 사도들이 예수를 끝까지 따랐다는 점을 강조하기 위해 지어낸 이야기 또는 설화로 보는 관점도 있다.

재차 말하지만, 사도의 선택 기준은 '모자람'이다. 자격 요건에 부합하는 예수의 제자란 애초에 존재하지 않았다. 그런 의미에서 현세 '예수의 대표 제자'를 자처하는 교회 사제는 전혀 새로운 기준으로 자격을 따져야 한다. 그렇다면 여성 사제(목사) 금지 관행도 도마 위에 올려야 한다. 지금이야 여성 목사를 허용하는 교단이 제법 되지만, 여전히 적잖은 교회는 "여자가 기저귀(생리대) 차고 강단에 올라가? 안 돼!"(대한예수교 장로회 합동 총회장 임태득 목사 발언)라는 인식과 주장에 보조를 맞춘다.

한국의 개신교회도 그러하지만, 가톨릭 또한 다르지 않다. 여성 신부(神父)가 전혀 없다. 왜 여성은 안 되는가. 요한 바오로 2세가 선종하기 10년 전쯤 그 이유를 밝혔다. "예수는 제자 열두 명을 발탁했는데 여기에 여자가 없었다"는 것.

열두제자 중에 여자가 없으니까 여자는 사제가 될 자격이 없다는 말의 논리력과 설득력을 따질 여지는 없다. 그래서 가톨릭 교우들이 침묵하는 것은 아니니까. 단지 교황에게는 오류가 없다는 통설 앞에서 입 다물 뿐이다.

그렇다면 오늘날 보수 개신교단은 왜 교회 안에서 여전히 여성을 이방인 취급하는가. 일부는 여성만 겪는 월경을 부정하게 여기는 〈레위기〉 15장 19절 등과, 이를 근거로 레위인이나 제사장을 여성에게 허용하지 않는 구약시대의 전통을 거론한다. 또 "아담(남성)이 먼저 지음을 받고 하와(여성)가 그 후"(디모데전서 2:13, 개정개역), "여자는 교회에서 잠잠하라"(고린도전서 14:34, 개역개정) 등 성차별적 식견을 노골화한 바울서신을 끌어온다. "이 같은 '성경적 근거'에 의해 여성은 사도직을 수행할 수 없다"는 주장이다. 한마디로 말해서 여성이 담당할 '교회 내 역할'이 다르다는 이야기다. 안타깝게도 성경의 권위에 숨어 차별적 언동을 일삼는 이들 중에는 '젊은 신학생'도 없지 않다.

종교적 콩깍지

보수 교단 교회에 출석하는 한 남성이 "여자 강도사, 여자 목사가 없는 것이 총신의 자랑은 아니죠"라고 하자, 총신대생으로 추정되는 또 다른 남성 A가 이런 글을 남겼다. "자랑 맞는데요. '여자가 가르치는 것과 남자를 주관하는 것을 허락하지 아니하노니 오직 조용할지니라'(디모데전서 2:12, 개역개정)"라고 말이다. 2019년 4월의 일이다.

나는 이 페이스북상의 대화를 캡처해 내 페이스북에 올렸다. 그리고 이런 견해를 남겼다. "'모든 권력에 순종하라'라는 〈로마서〉 13장이 통시적으로 적용될 수 없듯, 〈디모데전서〉 2장이 모든 시대 모든 여성에게 해당한다고 볼 성서신학자는 없습니다. 게다가 '여자 남자 우선되는 이 없다'라던 〈고린도전서〉 11장의 바울이 과연 디모데전서 2장의 바울이 맞는가, 하는 의문도 있습니다. 즉 〈디모데전서〉 〈에베소서〉 등 후기 바울서신은 바울 아닌 그의 제자가 스승 이름 빌려서 썼다는 합리적 의심이 있거든요." 그러자 줄줄이 댓글이 달린다.

A님, 그러면 왜, 서신서들에는 여성에 대한 바울의 상반된 견해가 등장할까요? 〈고린도전서〉 11장 5절처럼 여성이 회중들 앞에서 발언하는 자(예언)로 등장하고, 〈디모데전서〉 2장 12절처럼 여성들이 교회에서 발언하는 것(가르치는 것)을 허락하지 않는 것으로 묘사할까요? 아마도 글의 맥락

이 달라서겠지요? 그렇다면 맥락에 따라서 결과가 다르다면, 그 결과는 원인의 수정을 위한 결과이지 않을까 싶습니다. 그래서 〈디모데전서〉 바울의 권면은 여성이 교회 안에서 가르치면 안 된다는 원론적 주장이 아니라 교회 안에 어떤 현상에 대한 '교정'으로 보는 것이 타당할 것 같습니다. 그래서 우리 사회로, 교회로 돌아오면 〈디모데전서〉와 같은 사회적, 교회적 맥락이 있을까요? 총신에서 여성에게 목사 안수를 주지 않는 것이 〈디모데전서〉와 어떤 맥락적 일치가 있는지요? _류요섭

당시 고대인들의 보편적인 생각이 모든 문화를 초월하는 가치라고 하니. 일례로 바울이 여자들에게 잠잠하여지라고 말한 것은 당시 그 시대의 여성의 상을 전제로 말한 건데요. 사석에서는 침묵하고 집에서 남편에게만 질문하는 것 이러한 문화와 역사는 알고 있나요? 바울이나 이전에 성경 저자들의 세계관에는 지금과 같은 여성에 대한 기본적인 시각이 매우 달랐을뿐더러 그 기능이란 것은 여성은 가정 안에서 눌려 있어야 한다는 것입니다. 그게 그 시대를 산 사람들의 기본 생각이었어요. 비슷하게 우리 조선 시대에도 통용된 열녀도 이와 마찬가지 아닌가요? 시대마다 고유의 전통이 있을 뿐 그게 다른 시대에 반드시 적용해야 할 가치는 아니죠. 그럼 당신은 고대인들이나 조선 시대에 살았던 사람들의 기본적인 세계관을 적용하면서 살고 있나요? 세상에

서 가장 무서운 사람은 책을 읽지 않는 사람이 아니라 단 한 권의 책을 읽고 그것으로 세상을 판단하는 사람이랍니다. _Joseph Lee

이어 A의 반박, 또 다른 페이스북 친구들의 재반박이 이어 진다.

더 나가 여성 목사 안수를 반대하는 것은 남성 우월주의에 서 기인한 것도 아니고 여성을 차별하는 제도도 아닙니다. 여성 안수를 반대하는 총신의 입장은 성차별주의(sexism) 가 아닌 "여성과 남성은 존재론적으로 동등하나 기능적인 차이가 있다"로 요약됩니다. 한마디로, 상보주의입니다. 유 비를 하나 들어보겠습니다. 합창단에는 바리톤, 테너, 소프 라노 등등의 역할이 있습니다. 이들 모두는 역할은 다르나 합창단에서, 없어서는 안 되는 중요한 존재들입니다. 만약 이들 중 한 역할이 없거나, 바리톤과 소프라노가 서로 역할 을 바꾼다면 합창단은 엉망진창이 되고 말 것입니다. _A

ㅋㅋㅋㅋㅋㅋㅋㅋㅋㅋㅋㅋㅋㅋㅋㅋㅋㅋㅋ _박대진

기능이 다르다. 물론 신체적인 다름이겠지요?? 신체적인 다름과 인간이 하나님 앞에 서 있는 하나의 존재로서 직분 을 받고 수행하는 것과 상관관계가 있나요? _김건

예수에게 '여친'이 있었다

종교주의에서 각성한 대부분 기독교인도 처음엔 강한 종교적 열심에 앞뒤 안 재고 물불도 못 가렸지만, 점차 종교적인 콩깍지가 눈에서 벗겨지면서 세상도 보이고 이웃들도 보이기 시작하면서 기독교에 대해서 다시금 생각하는 것처럼, 종교적 열심만 강한 저 신학생도 종교적 콩깍지가 벗겨질 거라 기대해봅니다. _John Nara

'종교적 콩깍지' 이만큼 적절한 표현이 또 있을까? 그렇다. A에게 해주고 싶은 말이다. 성경 뒤에 숨지 마라. 성경은 차별의 편이 아니다. 당신의 '차별하는 하나님'이야말로 야훼의 이름을 망령되이 일컫는 가짜다.

예수를 따르던 여성 제자들

예수를 따르던 여성들은 열두 제자의 열정과 진심에 뒤지지 않았다. 스승이 십자가에 달려 생을 마감할 당시, 온갖 불이익이 도사렸음에도 끝까지 의리를 지키며 운명의 순간을 지켜봤고 나중에 무덤으로 모셨다. 그러다가 다시 살아나신 스승의 모습을 제일 먼저 발견해 부활의 증인이 됐다.

이뿐인가. 성서 기록자조차 홀대했던 예수 머리에 향유를 부은 여성에 대해 예수는 온 세상 어디든 복음이 전파되는 곳마다 기억할 사람으로 추켜세웠다. 예수가 그 정성에 감읍해서 추켜세웠을까? 그보다는 자신을 팔아넘기거나 배신할 거면서 여성보다 나은 척하는 남성 제자를 부끄럽게 하기 위한 목적 아니었을까?

열두 명의 남성 제자처럼 예수를 뒤따른 여성 제자가 적지 않아보인다. 〈누가복음〉 8장 2-3절에 나온 막달라 마리아, 요안나, 수산나라는 여성이 그렇다. 그들은 특정시기에 동네에 나타나신 예수를 한 차례 잘 대접한 정도가 아니다. 그를 수행하며 가사일까지 도운 것으로 추정된다. 식사, 빨래를 도맡아 한 정황이 있다는 것이다. 이중 요안나는 (세례자 요한을 처형했던 헤롯 영주 밑에서 일하던) 공직자를 남편으로 둔 고관의 아내였다.

그렇다면 성서는 왜 이 여성들의 존재를 잘 드러내지 않았을까? 하나님은 온전한 존재이지만, 성서의 기자는 온전하지 못하다고 보면 된다. 고대 히브리어나 아람어는 여성을 일컫는 여성명사가 없다고 한다. 오병이어 사건만 보더라도 복음서를 기록한 사람은 '장정인 남성'만 셈했다. 무엇을 의미하나. 여성은 투명인간이었다.

하지만 김근수 해방신학연구소장은 《가난한 예수》(동녘, 2017)에서 "예수에게 여성 제자가 실제로 있었다. 그런데 여성 제자를 가리키는 단어가 네 복음서에 없으므로 예수에게 여성 제자가 없었다고 우기는 사람들이 있다. 존재에서 출발하여 단어를 추적해야 옳은데, 단어에서 출발하여 존재를 추정하는 잘못된 방법을 그들은 택하고 있다"라고 지적한다.

그래서 "자격이 없어야 예수의 제자가 될 수 있다"라는 내 주장과, "남성들로만 열두 제자가 채워졌다"라는 교황의 입장을 엮자면, 여성이 열두 제자 명단에 그 이름을 올리지 못한 것과 사제 되기 어려운 점은 여성의 '잘남'과 '훌륭함'에 기인한다고 볼 수 있다. 그런데 현대의 보수 개신교회는 여성에게 자격이 없다며 사제는 안 된다고 빗장을 걸었다.

여성 목사안수 허용을 주장하다가 (여성 안수를 금지하는 대한예수교장로회 합동의 목사 양성학교인) 총신대학교에서 해고된 강호숙 박사. 강 박사가 페이스북에 올린 글 일부를 읽어보자.

제가 45년 동안 경험한 보수 교단의 모습은 교회가 말하는 하나님과 신학은 너무 '남성적'이어서 여성의 주체적인 신앙을 용납하지 않는다고 진단하게 됩니다.

어느 여성 사역자가 "여성이 인생에서 가장 힘들 때가 출산과 육아인데, 남성 목사는 자신이 힘들었던 군대 얘기만 연신 설교할 때, 괴리감과 상실감을 느꼈다"라고 한 말은 현재 교회가 여성의 경험과 필요에 얼마나 무감각한지를 알게 해 줍니다.

오늘날에 비해 한없이 열악하고 낮은 집단으로 치부되었던, 그것도 유대민족이 개 취급하며 상종도 하지 않았던 이방 여성에게, 예수님은 "너의 믿음이 크다, 너의 소원대로 되리라"라고 하시면서 여성 개인의 믿음과 소원을 헤아려주시고 인정하셨다면, 이는 실로 어마어마한 혁명의 사건이 아니겠는가!

　내가 이사장으로 있는 평화나무에서 2019년 5월 1일 '여성 목사 안수 불허는 성경적인가'를 주제로 토론회를 열었다. 이 자리에 참석한 한국노동연구원 부연구위원 정흥준 박사는 "남녀고용평등법 1조는 고용에서 남녀차별이 있어선 안 된다고 했고, 헌법 15조에 누구나 직업선택의 자유, 30조에 존엄과 가치를 실현할 수 있다는 기본권이 보장돼 있다"라고 했다.
　세상의 범절과 규칙은 남성과 여성을 다른 존재로 여기지 않는다. 따라서 아직도 성별로 인한 목사직의 가능 여부를 따지는 것은 가당치 않다. 그런데도 교회는 여전히 여성을 이방의 존재로 만들어버리고 있다. '다른 역할'을 맡겨 여성의 활동을 보장하자고? 그런 교단에서 성추행 사건 빈도가 더 높고 성추행 가해자 옹호론이 강하게 득세하는 점은 무엇으로 설명할 것인가? 애달프다. 막차 끊긴 플랫폼에서 길 잃은 한국교회여, 아무짝에도 쓸모없는 '여성 혐오'를 붙잡고 지금 무엇을 기다리고 있는가.

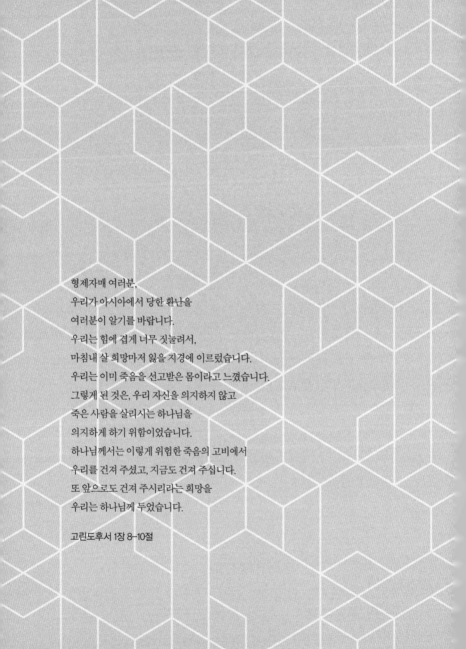

형제자매 여러분,
우리가 아시아에서 당한 환난을
여러분이 알기를 바랍니다.
우리는 힘에 겹게 너무 짓눌려서,
마침내 살 희망마저 잃을 지경에 이르렀습니다.
우리는 이미 죽음을 선고받은 몸이라고 느꼈습니다.
그렇게 된 것은, 우리 자신을 의지하지 않고
죽은 사람을 살리시는 하나님을
의지하게 하기 위함이었습니다.
하나님께서는 이렇게 위험한 죽음의 고비에서
우리를 건져 주셨고, 지금도 건져 주십니다.
또 앞으로도 건져 주시리라는 희망을
우리는 하나님께 두었습니다.

고린도후서 1장 8-10절

엘리트 의식 없으면 혐오도 없다

어려운 일을 당하게 되면 대개 남 탓하게 된다. 시한부 인생 판정을 받은 사람 중 일부는 자신을 고치려 하는 의료진 또 같이 안타까워하는 가족에게 한동안 무례하게 행동한다고 한다. 왜 그러겠나. 상황을 인정 못하는 것이다. 그렇다고 남 탓해서 해결될 수 있는 일은 없다. 몸부림칠수록 불어나는 것은 절망감뿐이다.

그렇게 심통 부리다가 진 다 빠져 마침내 신을 찾는 이들도 있다. 이럴 때 신은 따뜻하게 맞아주실까? 사실 기대를 하는 것 자체가 민망하다. 평소엔 거들떠보지 않던 신 아닌가. 그러나 괜찮다. 이런 궂은 날에 대비해 하나님이 있는 것이다. 그렇게 생각해도 된다. 하나님께 살려달라고 간청하는 것, 주저하지 말자. 그건 '인간 선언'이니까. 권력자, 권능자에게 하나님이 필요하겠나. 자기 멋대로 사는 사람은 하나님도 관심 밖이다. 이미 하나님 자리에 앉은 이가 어찌 하나님을 필요로 하겠는가. 하지만 '나 망하고 돌아왔습니다. 거둬주세요'라고 나오는 인간 앞에서는 닫혔던 신의 마음도 열린다.

어떻게 고난을 마주할까

그렇다면 절대자를 어떻게 만날 수 있을까. 눈에 보이지 않고, 손에 잡히지 않는데. 신학대학원 마지막 학기에 '영성수련'이라는 과목을 수강했다. 모태부터 신앙을 품어왔으면서도 수업을 거치고야 기도의 진면모를 알게 됐다. 그간 하나님에게 내 말을 속사포처럼 쏟아내는 것만이 기도인 줄 알았다. 그런데 아니었다. 기도는 하나님의 말을 듣는 것이기도 했다.

　내 할 말 다 끝나고 "주여, 이제 나는 듣겠사오니 나에게 말씀하소서" 이래 보면 어떨까? 하나님이 반드시 "아무개야, 내가 입을 열어 응답하니 받아 적어라"라고 반응하지 않더라도 실망할 필요는 없다. '하나님의 대리자'였던 모세나 엘리야도 하나님의 무응답을 경험한 바 있다. 하지만 무응답은 무관심이 아니다. 작은 잔영만 보여줘도, 답을 기다리던 와중에 잡념에 엉켜도, 심지어 부지불식간에 잠에 빠져도, 심지어 아무 답을 듣지 못해도 기도 자체로 의미가 있다. 즉답이 없어도 실망하지 말자. 하나님은 누구의 기도든 반드시 응답하는 분이다. 이걸 믿어야 한다.

이는 기독교 신앙이 없는 사람들에게도 적용된다. 교회 문턱을 넘어본 적이 전혀 없어도, 넘어봤지만 신앙과 무관한 동기였어도, 세례 안 받았어도, 헌금 한 푼 낸 바 없어도 기도로써 절대자에게 의지할 자격은 누구에게나 있다. 숨이 붙어 있는 모든 존재는 기본적으로 하나님의 자녀이니까. 기도는 어렵지 않다. 하나님이 살아 있음을 믿는다고 고백한 뒤, 하고 싶은 말을 하면 된다. 끝에 "예수님의 이름으로 기도합니다. 아멘"을 덧붙이면 여느 기독교인에게 뒤지지 않는다.

이성으로 못 믿어도, 심지어 위급한 상황에 놓여 지푸라기라도 잡는 심정으로 잠깐 믿어도, 아니 믿지는 않아도 믿고 싶은 마음만 있어도, 하나님은 누군가 궁박한 마음의 기도에 귀기울인다. 고난 만난 이의 기도는 특별히 더 챙겨 듣는다. 이야기했잖은가. 살려달라는 호소는 곧 '인간 선언'이라고.

함석헌 선생이 고난에 대해 풀이했던 말이다.

고난이란 무엇인가. 영이 물질에 대하여, 양심이 육(肉)에 대하여, 생명이 사망에 대하여 항쟁하는 일이다. 생명이 그 반대물을 완전히 극복하는 때까지 고난은 없을 수 없다. 고난이란 살았다는 말이요, 생명이 자란다는 말이다. 도덕적으로 진리적으로 자란다는 말이다. 고난 없이 혼의 완성은 있을 수 없다.

또 있다. 한 구절 더 보자.

고난은 인생을 위대하게 만든다. 고난을 견디고 남으로 생명은 일단의 진화를 한다. 핍박을 받음으로 대적을 포용하는 관대가 생기고, 궁핍과 형벌을 참음으로 자유와 고귀를 얻을 수 있다. 고난이 닥쳐올 때 사람은 사탄의 적수가 되든지 그렇지 않으면 하나님의 친구가 되든지 둘 중의 하나가 되지 않으면 안 된다. 고난은 육에서는 뜯어 가지만 영에서는 점점 더 닦아낸다. 고난이 주는 손해와 아픔은 한때이나, 보람과 뜻은 영원한 것이다. 개인에 있어서나 민족에 있어서나 위대한 성격은 고난의 선물이다.

그렇다. 고난은 은혜와 축복의 문턱일 수 있다. 나 혼자의 힘으로 감당할 수 없는 상황이 왔을 때에는 문턱 너머에서 두 팔 벌려 기다리는 하나님을 보면 된다. 그러나 우리 대다수는 고난에 직면하는 법을 훈련받지 않았다. 그래서 당혹스러운 상황 앞에 이르렀을 때 그 자리에 주저앉는 경우가 허다하다. 어떻게 고난 앞에 의연해질 수 있을까. 미국 신학자 팀 켈러 목사가 한 말이 있다. "고난은 나를 고통받기 이전과 같은 상태에 두지 않고, 더 나은 사람 또는 더 나쁜 사람이 되게" 한다고.

초등학생 때의 일기장을 펼쳐보라. 완성도 낮은 문장은 말할 것도 없고 얕은 사고(思考)의 흔적에 고개를 어디에 둬야 할지 모르게 된다. 이렇게 성인이 되어 옛날 일기장을 민망한 시선으로 목도하는 나에게, 일기를 쓸 당시로부터 현재까지 무슨 일이 있었나. 헤아릴 수 없을, 기억하기 어려울 많은 일이 있었을 것이다. 그 당시만 해도 인생의 고비로 여겼지만 지금은 웃으며 추억할 해프닝을 포함해 말이다. 이 같은 경험과 성찰에 내가 단련됐음은 불문가지다. 그렇다. 고난이 나를 성숙하게 만든 것이다.

하늘의 선물, 단련된 인격

고난을 경험한 이들의 내공과 영성, 그 깊이는 바닥을 알 수 없다. 그러나 여러 고난 중에서 극한의 고난은 생과 사의 고비를 넘나들 때 아닐까? 그렇다면 정치가 유인태라는 인물을 주목하지 않을 수 없다.

유인태는 참여정부 시절 청와대 정무수석, 여당 국회의원으로 활약하며 별명 '엽기수석'과 함께 유명세를 얻었다. 그런데 육두문자 섞인 너스레를 잘 떨기도 하는, 어쩌면 한량 같은 기질의 그에게는 독특한 과거가 있다. '사형수' 신분으로 살던 4년 5개월 수감 경력. 유신헌법 규탄시위를 벌인 게 죄목이라면 죄목일 텐데 박정희 독재정권은 그에게 겁을 잔뜩 줄 요량이었던지 체제 전복 혐의까지 뒤집어씌웠다. 그는 '이런 일로 설마 사형을 집행하랴'는 상식에 자위하면서도 그 상식이 숨 막힌 절망적 시대 상황에 비관하는 등 피 말리는 시간을 보냈다. 이 와중에 형장으로 끌려가 다시 돌아오지 못한 이들도 있었다. 그 파란만장한 시대를 거친 유인태에게서는 어떤 상황에서도 평정심을 잃지 않는 모습이 늘상 목격된다. 인생의 막장까지 가보면 다 그리될까? 그는 정치를 그만두는 마당까지 사형제 폐지 운동 선봉에 섰다.

어떤 고난에도 낙관할 수 있는 힘, 우리가 모두 갖고 싶어 하는 그 힘은 고난을 겪은 이들에게 부여되는 하늘의 선물이다. 〈로마서〉 5장 3-4절은 "환난은 인내력을 낳고, 인내력은 단련된 인격을 낳고, 단련된 인격은 희망을 낳는 줄을 알고 있기 때문"이라고 했다.

'하늘의 선물', '단련된 인격'에 밑줄을 긋자. 고난은 어떻게 하늘의 선물로써 단련된 인격을 선사하는가? 정답은 '엘리트 의식으로부터의 해방'이다. 엘리트 의식. 대개 이런 것 아닌가? "민중은 계몽의 대상이다. 계몽을 이끌 주역은 엘리트다." 너무 축약됐나? (서상일이 〈오마이뉴스〉에서 요약한) 68혁명 주도자에게 사상적 스승으로 통하는 《해방론》(울력, 2004)의 저자 마르쿠제의 말로 풀이한다. "'무지몽매한 대중'은 자신들의 진정한 욕구를 인지하지 못하고 표현하지 못하기 때문에 스스로 해방할 능력이 없다. 창조적 소수가 해방된 감성으로 그들을 구원해야 한다." "대중이란 이미 욕구와 만족의 사회적 그물망에 포획된 존재일 뿐이며, 따라서 지적 대변인을 통해 재교육시켜야 할 대상일 뿐"이라는 논리다.

그렇다면 엘리트 의식은 현대 대한민국에서 효용성이 있는가. 혹한의 거리에 나와 촛불 한 자루로 세상을 바꾼 촛불혁명. 정치인, 언론인, 지식인 등 간판이 따로 없었던 이 혁명은 민주공화국의 진정한 주권자가 평범한 국민임을 유감없이 보여줬다. 이런 민중에게 계몽의 주역으로서 엘리트가 필요한가. (무용하다. 그러나 그들은 사라지지 않았다. 지금도 진영논리에 매몰된 비이성적 군중 즉 '빠'로 매도하기에 바쁘다.) 그러다가 민주주의 암흑기가 도래하면 민중은 이름 없이 빛도 없이 시대의 역진을 막고자 눈물겨운 항쟁을 벌일 것이다. 언제나 그랬듯이.

이 맥락에서 실천적 신앙인의 표상이었던(!) 김진홍 목사를 언급하지 않을 수 없다. 청년 시절 목사가 되려는 꿈을 품고 장로회신학대학교에 입학했을 때, 그는 동기들과 이런 다짐을 했다고 한다. "장래 한국교회와 백성의 정신세계를 이끌어 나가자"는. 그러다가 곧 "진실이 제도화하고 교리라는 껍질을 쓰게 되고", "인간을 해방시키려던 복음이 인간을 구속하는 종교로 변질하는" 현실에 절망한다. 신학교를 그만둔 그는 대구로 낙향해 철공소 용광로를 관리하는 노동자로서 새 인생을 살기로 했다. 즉 민중과 뒤엉키는 삶을 택했다. 그가 이때 고고함 즉 엘리트 의식을 벗지 못했다면 나중에 목사 수련생으로 돌아왔을 때, 그는 청계천 빈민과의 조우는 불가능했을 것이다.

훗날 이명박 씨의 정치적 이익을 대변하면서 '꺾인 인생'

(!)이 됐지만 그 이전까지 나는 진심으로 김진홍 목사를 존경했다. (김진홍에 대한 '리스펙트'를 언급하는 걸 보아 나의 잔여 '존경 마일리지'는 아직 고갈되지 않은 셈이다.) 그의 전도사 시절, 다른 교회에 출석하던 19살 먹은 마을 여성이 스스로 목숨을 끊은 일이 있었다. 가난한 삶, 막연한 미래에 비관한 것이다. 그런데 그 교회 목사는 주일학교 교사이기도 했던 망자이건만 '자살'을 이유로 장례예배를 집전하려 하지 않았다. 누구도 거두지 않는 시신을 김진홍 전도사는 등에 업었다. 무덤가로 조심스럽게 데려가는데 이게 웬일인가. 놓친 시신이 산비탈에 데굴데굴 구르고 말았다. 김 전도사는 그녀를 다시 업고는 듣지 못할 귀에 대고 "아가씨, 미안해. 시체나마 제대로 편하게 못 해줘 정말 미안해. 땅에서는 고생만 하다 죽었어도 하늘에서는 편히 지내세요. 시체를 뒹굴게 해서 정말 미안해요"라고 했다고 한다.

김진홍 목사가 쓴 〈출서울기〉와 《새벽을 깨우리로다》(홍성사, 1982)에 나온 내용이다. 김 전도사는 그 여성 장례에 주저했던(나중에 자살자를 장사치렀다고 책망받을까봐 두려운) 교회 청년에게 이렇게 말했다고 한다. "나중에 천국에서 예수님이 '김진홍이, 넌 왜 교리 어기고 자살한 시체를 장례했냐?'고 꾸지람하시면 내가 대답하지, 뭐. '예수님 난 교리 몰라서 그랬습니다. 무식하면 용감하다 했잖습니까' 하고 대답하지, 뭐."

그렇다. 자살자 박대해야 인증되는 믿음의 엘리트가 천국과 가까운가, 자살자를 박대하라는 교리 아닌 교리를 모르고 단지 그 인생이 불쌍해 장사 치러준 무식쟁이가 천국과 가까운가. 복음을 받아들이면 엘리트 의식은 바울 표현대로 "오물" (빌립보서 3:8)이 된다.

엘리트주의를 박살낸 바울

바울서신 중 고린도교회에 보내는 편지는 전서와 후서로 나뉜다. 〈고린도전서〉가 첫 번째, 〈고린도후서〉 두 번째 보낸 편지일까? 바꿔 말하면, 사도 바울은 고린도교회에 생애 두 번만 편지를 보냈을까? 아니다. 〈고린도후서〉는 네 번째 편지이고 〈고린도전서〉도 아마 두 번째 편지인가 그랬을 것이다. (그러니까 성경은 모두, 온전한 형태로 보존된 것이 아니다.)

〈고린도후서〉는 〈갈라디아서〉처럼 격정적인 감정상태에서 쓴 것으로 보인다. 논쟁적 어조도 읽힌다. 그렇다면 바울은 왜 신경이 곤두섰을까? 후배 또는 제자로부터 공격당하고 있기 때문일 것이다. 기실 이런 대접을 받으면 분노보다는 비애가 솟구친다. 자신이 쏟은 후의가 부정당하는 것으로 여겨지기 때문이다.

일은 이렇게 전개됐다. 고린도교회의 어떤 신자가 바울을 심하게 모욕했다. 이 신자는 영지주의자로 추정된다. 영지주의, 앞 장에서 거칠게 풀이했지만 이건 한마디로 말해 특별하고 영험한 지식을 추구하는 신앙 노선으로 보면 된다. 즉 영지를 통해 구원에 이를 수 있다는 믿음이다. 어렵고 복잡할 것 없다. 지식으로 하나님 나라에 이를 수 있다는 신념이다. (그래서 훗날 이단으로 정죄돼 교회에서 내쫓겼다.) 영지주의를 오늘의 익숙한 표현으로 바꾸자면 '엘리트 의식'이라 하겠다. 복음도 서열이 있다는 건데 영지가 가장 우대받는 복음이라는 이야기다. 어디서 많이 본 주장이다. 예수를 불편해했던 그래서 끝내 십자가에 달려 죽게 한 율법주의적 유대교의 태도 그대로다. 바울은 이 같은 율법주의적 유대교와도 항전했다.

그런데 제자 교회에서 변종 엘리트 의식 즉 영지주의가 독버섯처럼 번져갔다. (바울을 영지주의자로 보는 시각도 있긴 하다. 이는 별론으로 하겠다.) 이 영지주의자의 엘리트 의식은 그럴듯해 보였고, 급기야 고린도교회를 세운 바울마저 얕잡아볼 만큼 위세를 키웠다. '너는 예수의 정통제자인가'라는 도발적 질문도 그 입에서 제기됐다. "이 사람은, 예루살렘에서 예수의 이름을 부르는 이들을 마구 죽이던, 바로 그 사람이 아닌가?"(사도행전 9:21)가 그렇다. 여기서 '이 사람'은 다름 아닌 바울이다. 바울은 가장 아픈 부위를 맞은 셈이다. 그러나 그것은 바울이 다마스쿠스로 가기 이전의 이야기다.

다마스쿠스 이전 바울은 당대 엘리트의 상징이었다. 내가 쓴 《살찐 로마서 고쳐 읽기》(이리, 2015)에서 소개한 바울의 프로필이다.

그는 사실 엘리트였다. 출신이 하나의 권위체계였던 시대,

정통 유대인은 자부심의 표상이었다. 바울이 그러했다. 당대 최고의 지식인 율법에도 정통했던 가말리엘의 제자였다. 가말리엘은 《탈무드》에서 솔로몬 이후 최대의 지혜자로 꼽혔다. 게다가 소아시아에서 태어나 로마의 시민권을 가지고 있었다.

바울은 다마스쿠스 가는 길에서 예수를 환상으로 만났다. 그 이전에 그리스도인을 탄압하는 게 직업이다시피 했다. 다마스쿠스행도 실은 예수교도를 골탕 먹일 요량에서 비롯된 것이었다. 그런 그가 예수를 접하더니 구주로 고백하게 된다. 그리고 완전한 새 삶을 살게 된다. 자기에게 날 선 공격을 퍼부은 고린도교회 영지주의자도 어쩌면 다마스쿠스 사건 이전의 자신의 모습이 아니었을까. 하지만 지금 바울은 엘리트의 옷을 모두 벗어버렸다. 즉, 자신의 지식과 지식인으로서의 명망과 영향력을 사유화하지 않았다. 다시 말해 신분화하지 않았다. 이뿐 아니다. 자신을 우선시한 지나온 인생을 모두 부정했다.

이후 바울의 인생은 어떠했나? 고난의 연속 아니었던가. 고문 후 참수당했다는 소문이 사실이라면 그는 예수 믿은 이후 줄곧 손해만 본 셈이다. 영문 모를 '예수 추종자'로의 변신, 예수 전하다가 자초한 옥살이, 전도여행이라는 미명의 떠돌이 신세, 훗날 뜨내기들에게 당하는 모욕까지. 영(榮)은 없고 욕(辱)만 있던 인생. 즉 〈고린도후서〉 1장 8절의 기록처럼 "힘에 겹게 너무 짓눌려서, 마침내 살 희망마저 잃을 지경"에 이르는 삶이었다. 물론 이 같은 고난으로 바울이 흔들림 없는 '예수 복음' 수석 전도자의 위상을 얻었지만 살아 있을 때 누린 영광은 전혀 없었던 터다.

단언컨대 엘리트 의식이 빠진 혐오와 차별은 없다. 뒤집어 혐오와 차별은 엘리트 의식이 일소될 때 가능하다. 엘리트 의식은 단순히 지식의 범주에서만 맴도는 게 아니다. 학력을 넘어 재력, 명망, 외모, 사회적 지위, 체력, 성별, 국적, 출신지, 심지어 종교까지도 동원해 인간을 일렬로 줄 세운다. 바울이 '차별 철폐'라는 복음의 정수를 전파할 수 있었던 것은 (남을 짓밟기 위한) 권력으로도 사용했던 나의 '먼저 된 자'의 지위를 스스로 파괴했기 때문이다. 〈갈라디아서〉 3장 28절을 보자.

> 유대 사람도 그리스 사람도 없으며, 종도 자유인도 없으며, 남자와 여자가 없습니다. 여러분 모두가 그리스도 예수 안에서 하나이기 때문입니다.
> _갈라디아서 3:28

바울이 믿게 된 예수는 하나님의 독생자라는 지위를 내려놓고 강제점령당한 땅에 목수의 아들로 성육신했다. 예수처럼 바울처럼 그렇게 내면의 자랑거리를 버릴 수 있는가. 남을 짓눌러 곤고케 했던 내 마음의 자랑을 그리스도의 용광로에 던져버릴 수 있는가.

그래서 바울은 이렇게 말한다.

내게는 우리 주 예수 그리스도의 십자가밖에는, 자랑할 것
이 아무것도 없습니다. 그리스도로 말미암아, 내 쪽에서 보
면 세상이 죽었고, 세상 쪽에서 보면 내가 죽었습니다.
_갈라디아서 6:14

그렇다. 내가 죽어야 가능한 일이다.

"'네 이웃을 사랑하고, 네 원수를 미워하여라' 하고
말한 것을 너희는 들었다. 그러나 나는 너희에게 말한다.
너희 원수를 사랑하고,
너희를 박해하는 사람을 위하여 기도하여라.
그래야만 너희가 하늘에 계신 너희 아버지의 자녀가 될 것이다.
아버지께서는, 악한 사람에게나 선한 사람에게나
똑같이 해를 떠오르게 하시고,
의로운 사람에게나 불의한 사람에게나 똑같이 비를 내려주신다.
너희를 사랑하는 사람만 너희가 사랑하면,
무슨 상을 받겠느냐? 세리도 그만큼은 하지 않느냐?
또 너희가 너희 형제자매들에게만 인사를 하면서 지내면,
남보다 나을 것이 무엇이냐?
이방 사람들도 그만큼은 하지 않느냐?
그러므로 하늘에 계신 너희 아버지께서 완전하신 것 같이,
너희도 완전하여라."

마태복음 5장 43-48절

원수를 사랑한다면 북한을 혐오할 수 없다

성서에 나와 있는 예수의 이야기가 사실인지 허구인지 연구하는 분야가 있다. '역사적 예수 연구'가 그렇다. 신앙심 좋은 교인이 신학교에 들어가 이 공부를 하다 '시험'에 든 경우가 많다. 예수의 일화 중 탄생, 기적, 부활 등 예수의 초인적 풍모가 돋보이는 에피소드, 이것은 과연 과학적으로 규명될 수 있는가, 이것이 해당 연구의 핵심이라 하겠다. 그러나 많은 신학자가 달라붙어 시시비비를 가리려 했음에도 실체는 규명되지 못했고 20세기에 이르러 사실상 중단됐다. 제아무리 역사학, 고고학이 발달해도 2000년 전 성서의 에피소드를 과학적으로 입증한다는 것은 불가능한 일이다.

그렇다면 성서에는 기록되어 있지만 현실에서 입증 못 한다고 전부 거짓인가? 아니다. 사실로 규명 못 하는 것과 사실 아닌 것은 구분돼야 한다. 나는 성서에 기록된 역사를 진리로 믿는다. 그것은 사실로 규명돼서가 아니다. 신념이기 때문이다. 그렇다. 신념의 영역으로 넘어간 사안이다.

원수 사랑, 이방인 사랑

역사적 예수 연구자 대부분은 성서의 초자연적 사건을 사실로 믿지 않는다. '제자가 그렇게 느꼈겠거니'라니 신앙고백 정도로 가늠한다. 그러나 이 연구자들이 '틀림없는 사실'이라고 뜻 모은 성서 속 예수의 발언이 있었다. 성서의 사실성에 대해 가장 회의적인 사람도, 믿어 의심치 않는 예수의 발언, 그것은 바로 〈마태복음〉 5장 44절 "원수를 사랑하라"이다. 성서에 기록된 사건의 진실성을 대부분 의심하는 사람조차 예수가 "원수를 사랑하라"라고 한 말만큼은 실제 했었던 발언으로 믿어도 된다고 한 것이다.

그런데 아이러니하게도 예수의 수많은 가르침 중에 가장 실천하기 어려운 것이 '원수 사랑'이다. 어느 누가 이를 실천할 수 있으며, 또 실천했다고 자랑할 수 있겠는가. 여기서 예수가 언급한 원수는 대체로 이방인을 뜻한다고 봄이 옳다. 특별히 척지고 싸운 관계가 아니어도 유대인에게 이방인은 원수아니, 짐승과 다름없던 존재였다. 세계 시민적 공동체 의식 즉 정의, 평화, 사랑을 지향한 예수에게 유대인은 자기 민족 우월성에 젖어 인류애를 상실해버린 족속이다. 그러하기에 "너와 다른 이에게도 사랑을 베풀라"라고 가르친 것이다. '관용'을 뜻하는 톨레랑스(tolerance)는 이보다 훨씬 후대에 나온 것이다. 유대인에게 있어 '이방인 사랑'은 '원수 사랑'만큼 힘든 것이다. 바울이 예수 복음을 오도했다고 비판받기도 하지만, '유대인 여부를 가리지 말고 모두 복음 안에서 평등하자'고 했던 주장만큼은 예수 교훈의 본질을 간파한 것이다. 그렇다고 예수의 '원수 사랑' 가르침이 구약과 배치되는 것도 아니다. 〈잠언〉 25장 21절에는 "네 원수가 배고파 하거든 먹을 것을 주고, 목말라 하거든 마실 물을 주어라."라고 당부한다.

우리에게 일본은 어떤 존재인가. 역사적으로나 정치·군사·외교 다방면에서 원수에 다름 아니다. 그러나 예수의 '원수 사랑'은 존재론적 사랑이다. "죄는 미워하되 사람은 사랑하라"라는 가르침이다. 그러니까 (상대의 회개와 거듭남을 위한) 비판은 할 수 있어도 (상대에 대한) 적개심, 혐오는 금물이다. 일본도 그렇게 대함이 맞다. 2019년 일본의 경제 도발로 인해, 한국민은 상품 불매운동을 전개하며 그들과 맞섰다. 일본군에 의한 성노예 및 강제 노역 피해자들은 생애 마지막 순간까지 사과와 배상을 요구했다. 이것은 일본 망하게 하려고 하는 것이 아니다. 동아시아 공동체의 일원으로서 일본이 평화의 궤도에 다시 오르기를 요구하는 것이다. 요컨대 일본 잘되라고 하는 뜻도 내재돼 있다. 북한도 여러모로 복잡한 존재다. 원인이나 경과에 대해서는 해석이 다양하지만 전쟁을 일으켜 한반도를 동족상잔 혈투의 장으로 만든 책임이 엄중하다. 그러나 한 민족으로서 갈등상태를 지속하는 것은 바람직하지 않다. 그래 서 정치·군사적 주적이긴 하나 한반도 평화의 파트너요, 한민 족 공동체 구성원으로서 북한은 양면적 속성을 갖고 있다. 그 런 북한도 당연히 존재론적 사랑의 대상이 된다.

이스라엘과 한반도 정세

고대 이스라엘의 역사적 서사는 우리와 많이 닮았다. 이스라 엘이 남유다와 북이스라엘로 분단된 것만 해도 그렇다. 두 나 라는 각기 외세를 끌어들였다. 북이스라엘은 시리아를 끌어들 여 남유다를 공격했다. 남유다도 아시리아(앗수르)의 세력을 끌어들여 북이스라엘에 대항했다. 시리아와 아시리아는 각각 북이스라엘과 남유다에게 어떤 존재였나. 이승만 이후 미국을 '기독교 국가'요, 곧 정의의 요체로 착각하고 있는 보수 개신교 신자들처럼, 하나님의 사자, 구원자에 비견되는 존재였나. 아 니다. 시리아, 아시리아가 그랬고 또한 미국이 그러하듯 그들 은 자국의 이익대로 움직이는 존재들이었다.

북이스라엘은 시리아를 끌어들이고는 함께 남유다를 공격 했다. 남유다는 망하지 않았지만 회복 불능의 타격을 입었다. 영토를 빼앗겼고 백성이 포로로 끌려가는 비운을 맛봤다. 남 유다는 이대로 가만히 있을 수 없었다. 왕국으로서, 지엄한 절 대자의 나라였지만 등 돌리는 민심을 수습하지 않으면 안 됐다. 내버려뒀다가는 나라를 지탱할 수 없겠다 판단한 것이다. 그래서 남유다 아하스 왕은 아시리아 왕에게 전갈을 보낸다. 그리고 〈열왕기하〉 16장 7절에 나와 있는 대로 "나는 임금님의 신하이며 아들입니다. 올라오셔서, 나를 공격하고 있는 시리아 왕과 이스라엘 왕의 손에서, 나를 구원하여 주십시오."라고 간청하고는, 왕실 금고에 있는 것은 물론, 야훼 하나님의 전에 있는 금붙이를 몽땅 다 모아 아시리아 왕에게 갖다 바쳤다.

내심 북이스라엘과 북이스라엘을 두둔하는 시리아를 치고 싶었던 아시리아, 남유다의 제안에 귀가 솔직했다. 그래서 남유다에게 전쟁 비용을 전가하고는 참전한다. 결국 어찌 됐나. 아시리아의 야욕과 남유다의 간청대로 북이스라엘은 아시리아에 의해 망했다. 자, 그렇다면 야훼의 전에 있던 예물마저 탈탈 모아다가 바친 것도 있겠다, 이제 망한 북이스라엘은 남유다 차지가 될까. 천만의 말씀이다. 북이스라엘을 접수한 것은 아시리아였다.

북한을 상대로 전쟁을 벌여 평양 주석궁까지 진격하자는 조갑제식 북침 시나리오는 미국이라는 외세가 개입하는 상황을 전제한 것이다. "국민이 3일만 참아주면 북한의 핵심 목표를 폭격해 전쟁을 승리로 이끌 수 있다"라는 김진식 전쟁 시나리오 역시 '한미 연합전력'을 염두에 둔 것이다. 그렇게 해서 북한을 제압하면 미국은 남한 영유권을 온전히 인정할까. 또 북한은 해방되는 것일까. 아니면 미국에 강제 점령당하는 것일까. 더 나아가 중국은 이 모양 이 꼴을 가만히 앉아서 보고만 있을까. 역사의 결론은 일관됐다.

아뿔싸! 아시리아는 기수를 남유다 쪽으로 돌린다. 북이스라엘을 잡수신 터에 '우방국' 남유다까지 드시려고 했다. 어떻게 됐나. 민족의 터전 절반을 잃은 남유다는 황급히 이집트에 붙어서 아시리아와 맞서려고 했다. 그러나 별수가 되겠나. 마침내 남유다도 아시리아 앞에 무릎을 꿇는다. 이제 야훼 하나님이 등장한다. 이사야의 입을 통해서 말이다.

"아! 너희가 비참하게 되리라. 말을 듣지 아니하는 자식들아, 너희가 나에게 물어 보지도 아니하고 일을 꾸미며 내 뜻을 알아 보지도 아니하고 동맹을 맺어 죄 위에 죄를 더하는구나. 나에게 묻지도 아니하고 에집트(이집트)로 내려가 파라오에게 기대어 몸을 숨기고 에집트의 그늘에 숨으려는 자들아, 파라오에게 보호받으려던 것이 도리어 부끄러움이 되고 에집트의 그늘에 숨으려던 것이 무안하게 되리라."
_이사야 30:1-3, 공동번역

"에집트는 아무런 도움도 주지 못할 나라이다. 그러므로 나는 그를 '종이 구렁이'라 부른다. 자, 어서 가서 말을 판에 새기고 책에 기록하여라. 훗날 영원한 증거로 남게 하여라."
_이사야 30:7-8, 공동번역

선교사를 한반도에 가장 많이 보냈으니, 성서에 손 얹어 대통령 취임 선서하고 있으니, 미국은 명실공히 '하나님 나라'인가. 아닐 것이다. 그곳도 욕망과 이익의 논리에 좌우되는 세속의 나라일 뿐이다. 환상을 가질 필요가 없다.

함석헌 선생은《뜻으로 본 한국역사》(한길사, 2003)에서 외세에 기댔다가 단단히 낭패 본 비운의 한반도 역사를 적나라하게 짚었다. 요컨대 이러하다. 고구려를 제압하려고 외세 당나라를 끌어들인 통일신라, 끝내 우리 삶의 기반인 만주를 포기하고 말았다. 만주 잃은 '이빨 빠진 호랑이' 한민족은 거란족, 여진족 등 북방 민족 공세에 숱하게 시달렸다. 고려 윤관, 최영 장군이 꾸준히 북벌을 모색했지만, 반대세력 즉 사대주의 세력의 벽을 넘지 못한 채 좌절했다. 이로써 조선을 창건한 이성계는 '우물 안 개구리 신세'에 머물고 말았다. 사대주의자들은 해방공간에서 분단세력으로 세력을 재편해 한반도의 허리를 70년 동안 끊어 그 틈을 점점 벌리고 있다. 기시감의 결정체가 역사라고 했던가.

"남북 간 군사적 적대관계가 계속되는 한 먹을거리가 생기는 소위 방위산업체. 이렇게 냉전구조 하에서 번성했던 기득권세력이 분단체제를 계속 연장하려 한다." 정세현 전 통일부 장관의 진단이다.

그런데 북한이 핵을 포기하겠다고 했다. 또 민족의 번영을 위해 함께 새 출발하자고 손을 내밀었다. 이런 북한에 대한 의심의 눈길, 쉽게 지울 수 없음도 이해한다. 그러나 북한이 비핵화 약속을 번번이 깬 데에는 미국 책임이 크다. 1994년 제네바 합의, 2005년 9.19 공동성명 등에서 맺은 약속을 미국은 일방적으로 엎었다. 그래서 북한은 각각 협상파기, 핵실험으로 엇나갔다. 북한의 약속 불이행을 정당화할 수 없다. 하지만 북한과의 신뢰 관계를 유지하면서 비핵화의 길을 가려는 미국의 의지는 단 한 번도 그 진정성을 입증받지 못했다.

우리는 이제 갈라진 민족끼리 대화하고 공존하는 법을 찾아야 한다. 한반도 정세를 좌지우지할 현실적인 힘이 미국에 쏠렸다 하더라도 민족의 운명은 분단 양측 즉 남과 북이 결정해야 함이 마땅하다. 그런 의미에서 더욱 부강한 남한이 인내하고 양보함이 온당하지 않을까. 사고의 틀을 좀 더 유연하게 가지는 게 옳다. 그런 의미에서 남북이 인격적으로 교통하기 어려운 장벽 즉 '반공주의'를 해체하는 적극성을 보여야 하지 않을까.

인정하지 않는 이들도 있겠지만, 예수 운동은 원시 공산주의와 닮았다. (물론 세습과 독재가 용인되는 북한식 공산주의와는 많이 다르다.) 공산주의를 덮어놓고 비난하는 이들에게 김대중 아카데미 원장인 김성재 한신대학교 석좌교수 강연 메모를 소개한다.

급진적 사회혁명가이기도 했던 종교개혁자 토마스 뮌처는 마르크스 레닌 이전에 교황과 영주의 재산을 빼앗아 농민에게 배부하고 공동생활을 하자고 주장한 인물이다. 그 모형은 다름 아닌 신약성서 〈사도행전〉에서 따왔다. 〈사도행전〉 2장은 각기 다른 사람이 성령을 받아 소통하는 교회를 다뤘다면 4장에서는 모두 각자의 개인 소유를 내놓고 공유해서 가난한 사람이 하나도 없는 공동체를 그렸다. 그렇다면 우리 한국교회는 사도행전 공동체의 원형과 얼마나 닮아 있는 가, 이런 질문을 던져야 한다. 아울러 남북분단 상황에서 교회는 어떤 회복과 치유의 역할을 담당하고 있는지도. 하지만 한국 기독교는 자타가 공인하는 반공 기독교다. 그렇다면 북한은 반기독교가 되는 것이다. 또 기독교의 통일은 곧 북한 붕괴를 전제하는 것이다. 그래서 하는 말이다. 한국의 개신교회는 '자신을 부인할 수 있는 용기'가 절실하다.

바울 사도가 〈에베소서〉 2장을 통해 한 말을 보자. "그리스도야말로 우리의 평화이십니다. 그분은 자신의 몸을 바쳐서 유대인과 이방인이 서로 원수가 되어 갈리게 했던 담을 헐어버리시고 그들을 화해시켜 하나로 만드시고 원수되었던 모든 요소를 없이하셨습니다."(공동번역)

그리스도를 따르는 백성이라면 절대 화해할 수 없는 상대마저 포용할 줄 알아야 한다. 북한 혐오는 그런 의미에서 "원수도 사랑하라"라는 가장 권위 있는 예수의 가르침을 부정하는 것이다. 우리는 뿌리 깊은 불신을 버리고 예수의 계명을 따를 마음의 준비가 되어 있나?

이것은 예언자 이사야를 시켜서 하신
말씀을 이루시려는 것이었다.
"스불론과 납달리 땅, 요단강 건너편,
바다로 가는 길목, 이방 사람들의 갈릴리,
어둠에 앉아 있는 백성이 큰 빛을 보았고,
그늘진 죽음의 땅에 앉은 사람들에게 빛이 비치었다."
그때부터 예수께서는
"회개하여라. 하늘나라가 가까이 왔다" 하고
선포하기 시작하셨다.

마태복음 4:14-17

전라도, 한국의 갈릴리여

전라도. 동학운동이 전개된 전북, 여수순천사건이 펼쳐진 전남 여수와 순천, 그리고 광주민중항쟁이 벌어진 광주를 총칭한다. 전라도는 19세기 이후 수십 년마다 한 번씩 핏빛으로 물들었다. 그렇게 호남은 우리에게 고난과 절망의 현장으로 인식돼왔다.

우리가 모인 이 공간은 기독교 교회다. 동학이 기독교에 대해 회의했지만, 기독교 역시 동학을 경멸했다. 그런데 동학운동은 예수 혁명과 많이 닮았다.

개벽 천지를 꿈꾸다

일상이 비극인 세상에서 민중이 주인 된 세상을 꿈꿨던 운동.

곧 개벽 천지를 이루려 했던 운동, 이것이 바로 예수 혁명과 맥이 닿아 있다는 말이다. 동학운동의 주역인 최제우. 그에게는 문과에 응시조차 못하는 비운의 삶이 태어나기 전부터 예정됐다. 왜냐면 과부의 자식이었기 때문이다. 그는 성년이 된 이후에도 10년 동안 무일푼으로 방황하다가 역병이 돌아도 손 못 쓰는 몰락한 국가 시스템을 직시하게 된다. 타락하고 무능한 전제군주는 피폐한 민생에 답을 제시하지 못했다.

최제우는 이때, 계급을 타파하는 것 즉 '평등'만이 길임을 간파한다. 그리고 대중을 깨우치려 행동한다. 동학의 깃발을 높이 들고. 체제를 지키려는 당대 공권력이 이 꼴을 두고 볼 리 없었다. 충돌은 불가피했다.

이 지점에서 우리는 김개남이라는 이름을 기억해야 한다. 그는 동학농민혁명의 또 다른 지도자다. 원래 이름은 김영주였는데 바꿨다. 열리다 할 때 '개(開)', 남녘 '남(南)', 개남(開南)으로. 그는 타협을 몰랐다. 당장 우리의 힘이 보잘것없으니 관군과의 타협으로 동학운동의 불씨를 살려보자는 제안도 한 귀로 흘렸다.

그러다가 동학혁명 진압에 나선 일본과 마주한다. 당연히 병력이나 화력 모두 김개남의 부대를 압도했다. 김개남은 끝내 체포됐다. 왜곡된 역사 교과서로 손가락질받은 바 있던 교학사 교과서에는 "(동학농민군의 지도자인) 김개남은 반대하는 자들에 대해서는 살육과 약탈을 허용하였다. 이는 결과적으로 전세를 불리하게 만들었다"라고 적었다. 동학군 패퇴가 김개남의 무지막지함에 기인한 듯 보인다. 과연 그러할까? 반은 맞고 반은 틀렸다. 전쟁 중 적군에 대한 살상은 불가피했다. 그러나 약탈은 동학정신을 배격하는 것이다. 따라서 약탈 운운은 교학사의 날조가 확실해보인다.

조선의 관아, 체포했건만 김개남이 얼마나 두려웠던지 혹여 탈출해 군사를 재규합할까봐 두 손과 두 발 즉 생살에 무려 10개의 못을 박았다. 또 온몸에 창을 찔렀다. 묶여 끌려가는 개남, 숨이 멎어가는 개남을 향해 민중은 "개남아 개남아 김개남아. 수많은 군사 어디에다 두고 짚둥우리에 묶여 가다니 그게 웬 말이냐"라며 울부짖었다고 한다.

예수 십자가 고난을 연상하게 한다. 못과 창에 온몸이 난자된 채, 혁명을 꿈꾸던 33세의 남자는, 제국 기득권의 첨병 로마병정에게 잡혀가 참혹하게 살해당한다. 〈누가복음〉이 이야기하는 바에 따르면 민중은 골고다 언덕길 예수의 뒤를 뒤따르며 통곡했다고 한다. 예수와 김개남, 두 남자는 그렇게 민중의 비탄 속에 숨이 멎어갔다.

매천 황현 선생의 《오하기문》(梧下記聞)에는 김개남 시신이 처참하게 유린되는 장면이 묘사됐다. 배 갈라 쏟아낸 내장을 산산이 잘라 원한 품은 이들 입속에서 잘근잘근 씹히게 했고, 그 고기를 나눠 제상에 올리도록 했다는 것이다. 남은 김개남 목은 서울 서소문 밖에서 사흘간 내걸렸다가 이후 남부 각지방에 조리돌렸다고 한다. 김개남을 참한 자들은 김개남만이 아니라 그가 주도했던 희망마저 도륙내려 했다. 다시는 꿈조차 못 꾸게. 그 희망은 다름 아닌 '사람답게 사는 세상'이었다.

동학운동의 주 무대는 전라도였다. 평야 곡창지대가 많다 보니 수확기만 되면 수탈의 마수가 물밀듯 들어오기 일쑤였다. 이것이 기화가 돼 호남 특히 전라북도를 중심으로 동학운동이 일어난다. 동학정신의 정수는 '폐정개혁'이다. 노비를 없애고 천민 차별도 철폐하며 백정을 평민으로 대우하는 조치가 골간이라 하겠다. 이게 전부가 아니다. 남편 잃은 젊은 부인의 재가를 허용했다는 점도 있다. 젊은 부인의 재가. 당시엔 허용되지 않았다. 그래서 재가해서 낳은 자녀에게는 과거에 응시할 기회조차 부여하지 않았다. 조선 중기 성종 때부터 온존했던 폐습이다. 젊은 나이에 과부가 되면 평생 남편 없이 그 신세로 살라는 것이다.

그런데 동학은 이를 전면 분쇄시켰다. 그 어느 대륙에서도 볼 수 없던 대단히 획기적인 성 평등 정책이 19세기 동아시아 조선땅 전라도에서 펼쳐진 것이다. 민주주의 선진국으로 통하는 미국에서 여성 투표권이 20세기 들어서나 허용됐으니 그 긍지는 더 말할 것도 없다. 아시아 최초의 민주공화국 헌법을 만든 나라의 역사는 요행히 이뤄진 것이 아니다. 이렇게 근대를 밝혔건만 전라도민에게 예정된 것은 고난의 가시밭길이었다.

1948년 여수 순천

50여 년 지난 전라남도 여수 순천으로 가보자. 한때 그런 시절이 있었나 보다. 죽이면 죽던 그런 때. 수많은 '제노사이드' 뒤에는 여지없이 공포가 엄습했다. 누가 가르치지 않아도 우리가 근현대의 경험으로 터득한 바다. 가해자의 꿍꿍이는 권력을 영구 사유화하는 것이다. 그러기 위해 민중을 대량학살해 공포의 지배 아래에 두게 한다. 도륙당한 공동체에는 무거운 침묵이 도사린다. 여수 순천이 그랬다.

도올 김용옥 선생이 2018년 여수순천사건 70주기를 맞아 여수MBC에서 '도올 말하다! 여순민중항쟁'이란 제목의 강연을 했다. 타이틀부터 심상치 않다. 여수순천사건을 '반란'이 아닌 '민중항쟁'이라고 명명한 점에서 말이다. 도올 선생은 이런 후일담을 들려줬다. 녹화 당시 여수 순천 주민으로 채워진 방청석의 반응은 수상하리만치 싸늘했다. "옳소" 등의 열띤 반응은 아니더라도 공감의 눈빛조차 신통하지 않았다. 당신의 아비어미가 겪었던 참화를 제대로 일러주고 그것을 빛나는 민중항쟁이라고 추켜세웠음에도 반응은 썰렁했다. 도올 선생은 심사가 복잡했다고 한다. '혹시 내가 틀린 말을 했나'라고 자성하기까지 했다고 한다.

그런데 상경길 열차역으로 따라온 방청객이 있었다. 그는 그윽한 눈초리로 도올 선생의 손을 잡더니 이렇게 이야기했다. "선생님, 감사해요." 이 한마디. 1948년 여순순천학살 이후

이 사건과 관련해 처음 마음과 입이 열린 것이라고 봐야 할까. 여수 순천의 '생존'한 민중은 내 가족 내 이웃의 학살을 보고 난 이후 그동안 말문을 열지 못했다고 한다.

다 반란이라고 했다. 2018년 전남도의회와 여수시의회에 의해 '여수순천사건'으로 정명화되기 전까지는 여지없이 '여순반란' 사건으로 불렸다. 한글조차 몰랐던 내 가족 내 이웃은 공산혁명을 모의하고 책동한 불순분자로 매도됐다. '그럴 리 없다'라며 이견을 제시하면 그 순간 '빨갱이 조력자'로 규정됐다. 그렇게 알고도 모른 척, 아프고도 멀쩡한 척해왔다. 심지어 내 아버지 내 어머니 죽음의 이유를 자식에게 알리려 하지도 않았다. 이 불의하고도 잔인한, 하지만 슬픈 침묵이 하나둘씩 깨지고 있다.

이승만…

38선 이남의 실권자 이승만의 소행이었다. 왜 이런 짓을 했을까? 그는 상하이 임시정부 초대 대통령이었지만 탄핵당한 이후로 독립운동에 이바지한 바가 거의 없었다. (그 이전에도 없었다는 비판도 있다.) 거꾸로 그의 행보는 친일에 가까웠다.

이승만이 독립운동과 담쌓은 점은 김삼웅의 저서 《독부 이승만 평전》(책보세, 2012)을 요약한 블로거 '그노마' 님의 글로 정리된다. 다음은 윤문한 것이다.

하와이에서 한인 소년병학교와 대한인국민회를 조직한 무장독립운동가 박용만 선생, 끝내 이승만에게 쫓겨났다. 샌프란시스코에서 장인환, 전명운 의사가 친일파 미국인 스티븐스를 처단하고 재판에 넘겨졌을 때 통역을 요청받았던 이승만은 그들을 살인자라고 규정하더니 예수 믿는 사람으로서 변호할 수 없다며 거절했다. 이후에도 이승만은 안중근, 이봉창, 윤봉길 의사의 의거를 테러라고 매도하며 임시정부에 대일 무장투쟁 중단을 요구했다. 하는 행보 하나하나가 어쩌면 그렇게 일본의 이익에 빈틈없이 부합되는지 싶었다. 이뿐 아니다. 이승만은 상하이 대한민국 임시정부가 수립될 때 국무총리에 추대됐다. 하지만 임시정부라도 'president'라는 직함을 달라고 생떼를 뜨더니 스스로 대통령 명함을 파고 다녔다. 끝내 대통령 직함을 얻었음에도 임시수도 상하이를 떠나 있었다. 한술 더 떠 미국에 눌러앉아 위임통치론 같은 임시정부의 방침에 반하게 주장했다. 그래서 단재 신채호 선생은 "이완용은 있는 나라를 팔았지만 이승만은 있지도 않은 나라를 팔았다"라고 탄식했다. 어쩌면 이 정도는 약과일 수 있다. 외교활동에 쓴다며 임시정부 독립운동자금의 약 75%를 횡령해 관광 유람을 즐겼다고 하니 이승만 행각에 열불나지 않으면 성자라 할 것이다.

때마침 일본이 패망했다. 독립국 한국의 최고지도자가 되고자 하는 이승만의 노욕이 불붙기 시작한다. 그러나 이승만에게는 국내 권력 기반이 없었다. 끝까지 임시정부를 지킨 민족지사 앞에서 초라하기만 했다. 그러나 임시정부가 일본을 몰아낸 게 아닌 터. 이승만은 승전한 미군의 수장, 맥아더에게 마음을 사는 것으로써 돌파구를 마련하려 한다. "내가 남한 지도자가 되도록 도와주면 충성을 다하겠다"며 이승만이 맥아더에게 다짐했으리라는 추정은 어렵지 않다. 맥아더는 한국을 지배하던 미군 사령관 하지 준장을 불러 이승만에게 예우할 것을 명한다.

이승만을 잘 알지 못했던 하지는 시간이 지날수록, 만난 횟수가 더해갈수록 그에 대한 실망감을 노골화했다. 그러다보니 1947년 한국을 떠날 시점에는 이승만과 원수보다 못한 사이가 됐다. 하지는 송별사에서 "자기 이익만 추구하는 기회주의적 정치가들이 있다"고 했다. 여기서 언급된 '기회주의적 정치가들'에 이승만이 포함됐다고 보는 게 합리적이다. 정용욱 서울대 교수는 하지가 1947년 누군가에게 보낸 편지에 담긴 내용을 소개했다.

그 노인네가 작년에 한 배신행위는 내게는 힘들고 쓰라린 경험이었습니다. 그가 대부분의 시간 동안 이곳에서 미국의 노력에 대해 입에 발린 말을 하고 다녔지만 나는 지난 몇 달 씩 그가 뭔가 의심스러운 일을 크게 꾸미고 있다는 것을 알았습니다.

'배신행위'라는 표현이 특정하는 어떤 사실은 중요하지 않다. 배신의 행위자 즉 이승만만 주목하면 된다. 배신은 이승만에게 일상이었다. 미군에게도 예외가 아니었다. 흥미로운 것은, 이 편지에는 이승만을 겨냥한 'son of a bitch'라는 욕도 담겨 있었다는 점이다. 그러나 하지는 미국으로 돌아가고 이승만은 단독정부 대통령이 됐으니 승자는 이승만인 셈이다. 이승만의 '필살기'는 독립운동가와 미 군정의 틈을 최대한 벌린 것이다. 미국이 치 떨어야 하는 소련을 독립운동가들이 대변한다고 흑색선전을 편 것이다. 이승만의 간계는 통했다.

그런 이승만은 집권하자마자 여수 순천 시민들을 학살했다. 함포사격도 했다고 했다. 남해에서 함선으로 여수 순천을 겨냥해 포격한 것이다. 여수 순천 사람은 다 죽어도 된다고 판단한 것이다. 그래서 여수순천사건은 토벌 즉 학살로 봐야 마땅하다.

여수 순천 민중이 거역한 것은 대한민국 국체가 아니라 제주 토벌 명령이었다. 4.3사건이 진행 중인 제주도에 가서 '민간인을 죽이라'는 지시 말이다. 여수 순천의 군인은 향토방위 체제에서 군사의 한 축이었던 민중의 뜻, 제주 진압을 받아들일 수 없다는 그 뜻을 따르지 않을 수 없었다. 4.3 사건은 그래서 여수순천학살의 연장전이다. 이승만은 당시엔 법에도 없던 계엄령을 선포한다. 그리고 수많은 제주도민을 학살했다. 무기를 손에 쥐지 않았던 제주 민간인을 군대가 제압하는 건 전혀 어려운 일이 아니었다.

이스라엘의 전라도

그리고 또 30여 년 뒤, 광주광역시. 5.18의 공식 명칭은 '5.18 광주민주화운동'이다. 5.17 비상계엄으로 1980년 서울의 봄은 저물었지만, 호남은 이대로 끝낼 수 없었다. 그래서 광주시민은 신군부의 포고령이 떨어지고 이튿날, 5월 18일에도 거리로 나섰다. 이미 5.18 이전부터 광주를 손보기로 마음먹은 전두환은 기회를 놓치지 않고 일격을 가했다. 그렇게 5월 27일까지 광주시민에 대한 무자비한 학살을 서슴지 않았다. 그렇다고 광주가 굴복했는가? 아니다. 동학, 여수순천항쟁의 본고장 전라도는 무릎 꿇지 않았다.

이스라엘에도 전라도가 있다. 그곳은 갈릴리다. 갈릴리를 논하기에 앞서 살펴볼 고을이 있다. 갈릴리와 붙어 있는 지방 사마리아다. 이스라엘 민족은 사마리아에 사는 족속에 대해 홀대를 넘어 혐오했다. 사연이 있었다. 원래 사마리아인도 본디 유대민족이었다. 그런데 기원전 8세기 (북이스라엘을 멸망시킨) 아시리아 군대는 사마리아에 사는 여성들을 성폭행해 아기를 갖게 한다. 아시리아가 타민족을 정복하는 방식이 대개 이러했다. 혈통을 중시하는 유대민족이기에, 이스라엘은 이때부터 사마리아인과 그의 후손을 경멸했다. 이들이 피해자인 점은 중요하지 않았다.

그렇다면 왜 이스라엘의 호남이 갈릴리일까? 의미 있는 교차점이 있다. 갈릴리는 토지가 비옥했다. 곡식이 제법 풍성하게 수확됐다. 그렇지만 갈릴리 사람들은 늘 가난했다. 왜냐. 경제적 수탈 대상이 됐기 때문이다. 가난의 대물림이 심화하면서 고리대금업자들이 횡행했고, 땅 가진 이들조차 소작농이 돼버리는 일이 비일비재했다. 빈곤이 심화되면서 곳곳에서 정신질환을 호소하는 이들로 넘쳐났다. 이런 곳이 갈릴리였다.

그런데 예수는 자신의 주 활동무대로 주목도가 높은 부촌이요, 대도시인 예루살렘을 피하고, 촌 동네 갈릴리를 택했다. 왜냐. 갈릴리는 혁명의 불씨가 살아 있던 공간이었으니까. 그렇지 않아도 예수 이후 1세기 초 갈릴리에서는 대대적인 항쟁이 벌어졌다. 갈릴리 백성이 예루살렘 기득권층을 향해 벌인 저항이었다. 이 항쟁의 의미가 각별한 이유가 있다.

이스라엘 기득권층은 야훼 신앙을 다윗 왕조 속에 가둬두려 했다. 그러려면 다윗과 그 후대 왕들의 주 무대인 예루살렘만 정통이고 나머지는 변방, 변두리가 돼야 한다. 야훼 하나님이 다윗 왕조의 정통성 안에 갇히는 상황은 불변의 도그마여야 했다. 이에 갈릴리 민중은 자유와 해방·평등의 기치로 유대적 신앙을 주체적으로 재해석하려 했고 그래서 주류 세력과 맞서려고 했다.

그렇다. 신앙은 주체성을 상실할 때 맹신의 늪에 빠지게 된다. 곧 누군가의 노예가 된다. 갈릴리, 가히 예수가 하나님 나라를 선포한 공간답다. 이 때문에 갈릴리는 불의한 권력에게 있어 항상 경계 대상이 됐다. 언제 어떻게 봉기할지 모르는 휴화산 같은 존재였다. 박정희에게, 전두환에게, 이명박에게, 박근혜에게 또는 호남의 높은 민주시민의식을 지역감정으로 깎아내려야 하는 어떤 정치 세력에게 전라도도 그런 공간이 아니었던가.

그러니 갈릴리 또 전라도는 온갖 음해에 시달렸다. 특히 전라도가 고향인 이들에게는 이유도 맥락도 없이 '불온'이라는 주홍글씨가 박혔다. 그 이유를 정남구 〈한겨레〉 기자는 그의 책 《나는 전라도 사람이다》(라의눈, 2018)에서 "전라도인에게 뭔가 문제가 있어서가 아니라 전라도에 수탈할 것이 너무 많았기 때문"이라고 풀이했다. 빼앗으려면 맹목적으로는 안 되고, 전라도를 '악'으로 만들어야 하는데, 그러다 보니 터무니없는 "배신 잘한다" "이북과 친하다" 등의 말을 지어낸다. ('배신' 운운하는데, 국가와 헌법을 배신한 쿠데타를 전라도민이 주도한 적이 단 한 번이라도 있었던가.) '뒷말' 정도인가. 2등 국민 취급하며, 온갖 예산, 산업 인프라, 고위직 인사에서조차 차별해오지 않았던가.

조정래의 소설 《한강》(해냄, 2002)에서 천두만이 한 말이다. "요 빌어묵을 서울이란 디서는 날이 갈수록 전라도사람이야 허먼 무시허고 차별허고 의심허고 손꾸락질허고 안 혀? (중략) 똑겉이 대학 나오고 똑겉이 똑똑헌 사람들이 전라도라고 혀서 출세길이 맥히고 취직이 안 되고 허는 것이 서울 아니여?"

막노동판만이 아니다. 서울에 이름만 대면 알 만한 어떤 대형교회는, 전라도 출신은 교육전도사로도 발탁하지 않는 야만적 혐오를 기독교회의 이름으로 범했다. 갈릴리 사람들이라고 사정이 달랐을까?

광주에서 만난 예수

전라도는 그래서 민중항쟁이란 열매가 자라기 참으로 기름진 밭이었다. 비록 민중의 피와 눈물로 적셔져 생긴 비옥함이지만. 서울에서 광주로 걸어 들어가 5월 27일 전남도청 사수대로 싸우다 총탄에 맞아 사망한 한신대학교 신학과 79학번 류동운 열사. "병든 역사를 위해 먼저 갑니다. 역사를 위해 한 줌의 재로 변합니다. 이름 없는 강물에 띄워주시오"라는 일기를 남겼다.

목사인 아버지는 도청에서 싸우겠다는 아들을 붙잡아 만류했다. 그때 류동운 열사는 "아버지, 붙잡지 마세요. 다른 집 자녀들은 다 희생하고 있는데 왜 자기 아들만 보호하려고 합니까? 아버지 설교 말씀에 역사가 병들었을 때, 누군가 역사를 위해 십자가를 져야만 이 역사가 큰 생명으로 부활한다고 하시지 않았습니까? 평소 소신이 왜 변합니까? 저를 붙잡지 말아주세요"라고 말했다. 그리고 다시는 돌아오지 못할 길을 가고 말았다. 그의 나이 21살.

이게 객기 또는 공명심으로 보이는가? 하지만 이게 광주

5.18의 역사를 만들었고, 이 나라의 민주주의를 사수했다. 나중에 알려진 사실이지만, 류동운의 시신은 심하게 훼손됐다. 시신은 화상에 검게 그을려 있었고, 군화로 잔인하게 짓밟힌 흔적도 얼굴에 고스란히 남아 있었다. 전두환의 수족들이 류동운 열사 시신에 복수한 것이다. 아버지는 치아를 보고서야 아들의 시신을 확인할 수 있었다. 류동운은 생을 참담하게 마감했다.

그 류동운은 이로써 역사의 저편으로 사라졌을까? 한신대학교 학생들은 류동운을 잊지 않았다. 총학생회가 1986년 추모비를 세웠다. 전두환 권력이 서슬 퍼렇던 시절, 그 추모비는 류동운을 기념하는 것을 넘어 은폐된 광주민중항쟁을 폭로한 것이었다. 전두환의 끄나풀들이 오산 한신대 캠퍼스로 들어가 이 추모비를 철거하려고 했다. 그러나 수백 명의 학우와 부활한 류동운은 광주의 진실을 담은 이 추모비를 지켰다. 지금도 문익환 목사 기념 늦봄관 옆 이 추모비는 산 역사로서 건재해 있다.

류동운만인가. 우리는 감리교인 김의기의 부활도 이야기해야 한다. 농촌 선교의 꿈을 키우던 서강대생 김의기는 1980년 5월 광주로 들어가 학살의 실상을 눈으로 목격했다. 하지만 당시 언론은 민주주의가 도륙당하는 현장을 단 한 줄도 보도하지 않았다. 그는 서울로 와서 〈동포에게 드리는 글〉을 작성한 후 5월 30일 낮 기독교회관 5층에서 유인물을 살포하고 투신했다. 〈동포에게 드리는 글〉을 읽어본다.

공포와 불안에 떨면서 개처럼, 노예처럼 살 것인가, 아니면 높푸른 하늘을 우러르며 자유시민으로서 살 것인가? 또 다시 치욕의 역사를 지속할 것인가? 아니면 우리의 후손들에게 자랑스럽고 똑똑한 조상이 될 것인가? 동포여 일어나자! 마지막 한 사람까지 일어나자! 우리의 모든 싸움은 역사의 정 방향에 서 있다. 우리는 이긴다. 반드시 이기고야 만다.

이번엔 문용동 전도사도 만나자. 보수 신앙인으로서 상무대교회의 전도사였던 그는 광주를 점령한 계엄군에게 구타당하는 노인을 봤다. 그래서 주저하지 않고 시민군이 됐다. 그러나 총을 잡는 대신 헌혈운동을 주도했다. 또한 평화를 지키기 위해 무기고 경비를 도맡았다. 그는 틈만 나면 기도했다. 전도사로서 무장투쟁은 못 했지만 평화의 사명을 지키기 위해 애썼다. 하지만 5월 27일 도청에 들어온 계엄군은 그의 가슴을 향해 총을 뿜어댔다.

죽기 직전 5월 22일의 일기를 보자. "남녀노소 불문 무차별 사격을 한 그네들 아니 그들에게 무자비하고 잔악한 명령을 내린 장본인 역사의 심판을 하나님의 심판을 받으리라." 문동용은 죽었지만, 그의 말은 살아서 5월 광주를 부정하고 왜곡하는 이들에게 죽비가 되고 있다.

갈릴리의 부활

우리는 이렇게 광주에서 갈릴리 사람 예수를 만났다. 각양각색의 삶이고 단 한 번도 마주친 적이 없었겠지만, 류동운, 김의기, 문동용 등은 〈베드로전서〉가 말한 택함받은 족속이요, 왕 같은 제사장, 거룩한 민족, 하나님의 소유된 백성으로서 기름 부음 받아 역사의 빛 가운데 우리를 이끌었다. 그들은 자기의 모든 것, 사랑 그리고 명예를 남김없이 버렸다.

너무 외로웠을 것이다. 겟세마네 동산에서 또 금남로 전남도청 앞에서 끝까지 함께 싸우며 새벽을 맞자던 동지들은 온데간데없어졌으니. 그저 깃발만 나부낄 뿐이었다. 민중이 승리하고 정의가 만개하는 새날, 그 새날이 올 때까지 흔들리지 말자던 이들, 이들은 모두 어디로 갔는가. 그렇게 세월은 덧없이 흘러갔지만, 산천은 잊지 않았다.

1983년 가을 해태타이거즈가 우승하던 잠실벌, 광주의 한을 담은 '목포의 눈물'로 부활했고, 87년 박종철, 이한열의 죽음으로 서울 시내를 호령했던 '호헌철폐 독재타도'의 구호로 부활했고, 1997년 36년 만의 정권 교체로 부활했고, 2000년 6.15 남북공동선언으로 부활했고, 2002년 바보 노무현의 대통령 당선으로 부활했고, 2016년 촛불혁명으로 새로 태어난 뜨거운 함성으로 부활했다. 그렇다. 부활한 이들을 따라야 한다. 앞서서 나간 이들을 따라야 한다.

동학운동부터 5.18까지 우리는 수난과 고통의 땅으로서 민주주의 인권 평화의 알곡을 맺은 전라도를 잊지 말자. 이 땅 전라도에 대한 부채의식을 잊지 말자.

전라도의 민중항쟁으로 어둠에 앉아 있던 백성이 큰 빛을 보았고, 마침내 종의 멍에를 벗어 빛의 백성으로 살게 됐다. 그럼에도 여전히 '홍어'니 '전라디언'이니 하는 말로 그 부당한 가학의 세월을 그리워하는 자, 하늘의 뜻을 거스르는 것이다. 예수가 다시 이 땅에 온다면 필경 한국의 갈릴리, 전라도에서 하나님 나라를 선포할 것이다.

갈음하며 한반도에서 유일하게 광주의 참상을 헤아린 호남의 형제요, 이웃인 목포의 그리스도교인들이 주일예배 후 목포역 광장에 나와 뜻 모아 채택한 '신앙고백문'을 옮긴다. 이는 광주의 전남도청이 1980년 5월 27일 도륙당하기 이틀 전, 잠들지 않는 남도의 해방선언이요, 갈릴리가 전라도에서 부활했음을 알리는 기념비적 선언이다.

광주 시민혁명에 대한 목포지역 교회의 신앙 고백적 선언문

우리 그리스도 교회는 지난 2천 년 동안 나사렛 예수의 부활을 증언하고 복음을 수호하기 위하여 산 채로 사자의 먹이로 던져지기도 하고, 하나님을 믿는 기쁜 마음으로 장작불 위에서 순교의 제물이 되어왔다. 특히 한국교회는 3.1운동,

6.25전쟁, 4.19의거, 그리고 지난 18년 동안의 군벌 독재 밑에서 조국의 복음화와 민주화운동의 전방 초소를 지키는 일에 몸 바쳐 왔음을 자부한다.

이렇게 하나님이 약속하신 정의와 자유와 민주주의를 이 땅에 파종하고 가꾸는 일에 앞장서는 우리 목포지역 교회는 최근 광주, 목포에서 일어난 시민혁명의 물결, 이 사건, 이 역사 속에서 우리보다 먼저 가서서 주의 백성을 탄압하고 살육하는 오늘의 별 달린 짐승과 투쟁하시는 부활하신 그리스도의 모습을 보았다.

우리 목포교회는 교파적인 이해를 떠나 오직 앞서가신 그리스도의 뒤를 따라야 한다는 단합된 믿음을 가지고 이 나라 자유 시민들과 건국 형제 교우들과 세계 자유우방을 향하여 다음과 같이 고백 선언한다.

1. 최근 광주, 목포에서 일어난 시민들의 시위 항거는 동학 혁명, 3.1운동, 광주학생사건, 4.19와 명동 민주구국선언의 법통을 잇는 역사적인 시민혁명이었다.

2. 이 사건, 이 역사는 이 땅에 하나님의 정의와 자유를 파종하려는 그리스도 진영과 그리스도를 또 한 번 못 박고 군벌 독재를 구축하려는 적과의 의로운 투쟁이었다.

3. 이 같은 의로운 싸움을 진압하기 위해 공수부대를 투입한 것은 하나님이 지어주신 그분의 형상을 짓밟고, 우리 주님이 피 흘려 찾아주신 생명과 인권을 유린한 것이며

천인공노할 시민학살로 단정한다.

4. 현 정부가 국민의 정부라는 사실을 입증하고 통치능력을 회복하려면 먼저 이렇게 하나님의 형상 그 자체인 자유 시민을 능욕하고 학살한 정부 당국자와 시민 살해에 가담한 자를 지체 없이 색출하여 납득할 수 있도록 처벌해야 한다.

5. 우리 시민과 군경과의 피비린내 나는 유혈참극을 막는 길은 시민들이 죽어가면서 외친 민주 헌정을 조속히 수립하는 그 한 길이 있을 뿐이며, 이를 위한 첫 조치를 전두환을 비롯한 실권을 쥔 자들은 즉각 물러가고 김대중을 비롯한 민주 애국지사들을 당장 석방해야 한다.

6. 우리는 60만 국군은 여전히 시민의 적이 아니라 자랑스런 우리의 아들, 우리의 형제임을 믿는 만큼 부모 형제를 향하여 겨누고 있는 총부리를 즉각 거두고 반공 국토방위 임무에만 전념해주기 바란다.

7. 우리는 시위군중에 의하여 방송국 건물이 불타는 자리에서 우리 하나님이 역사적 현장을 외면하고 있는 이 나라 언론인에 대해 분노하시는 모습을 보았다. 신문, 방송, 통신 업무에 종사하고 있는 모든 언론인은 먹고살기 위해 더러운 노예로 만족했다는 지탄을 받지 않기 위하여 광주, 목포의 참상을 바로 보고 정확히 전달해주기 바란다.

8. 미국을 비롯한 자유우방 시민들과 세계 교회 형제들은 소수 군벌 독재자의 감언이설에 속지 말고 우리의 아픔,

우리의 고난에 통감하여 지쳐 있는 광주, 목포 시민의 등을 밀어주고 우리를 위하여 기도해주기를 바란다.

9. 우리는 광주, 목포사태의 원인과 책임을 전적으로 실권을 잡고 있는 소수 군벌 몇 사람에게 있다고 본다. 그러나 우리 교회는 이들이 회개하고 돌아온다면 그리스도의 교회를 저들에게 오늘의 도피 장으로 제공할 용의가 있다. 그러나 그리스도 교회가 발하는 복음적인 충고를 무시하고 계속 그리스도와 자유 시민의 가슴에 흉기를 들이댄다면 시민이 흘린 피에 보답하기 위하여 우리에게 맡겨진 각자의 십자가를 지고 골고다의 행동을 계속할 것이다.

성부 성자 성령 삼위일체 살아계신 하나님이 내리시는 축복이 자유와 민주주의를 위해 피 흘려 싸우는 광주, 목포 시민을 비롯한 5천만 한국 민족에게 이제부터 영원토록 함께 하시기를 축원한다.

1980년 5월 25일
목포시 기독교 연합회 비상 구국 기도회

2부

시대에 묻다, 교회에 묻다

너희는 세상의 소금이다.
소금이 짠맛을 잃으면,
무엇으로 그 짠맛을 되찾게 하겠느냐?
짠맛을 잃은 소금은 아무데도 쓸데가 없으므로,
바깥에 내버려서 사람들이 짓밟을 뿐이다.
너희는 세상의 빛이다.
산 위에 세운 마을은 숨길 수 없다.
또 사람이 등불을 켜서 말 아래에다 내려놓지
아니하고, 등경 위에다 놓아둔다.
그래야 등불이 집 안에 있는
모든 사람에게 환히 비친다.
이와 같이, 너희 빛을 사람에게 비추어서,
그들이 너희의 착한 행실을 보고,
하늘에 계신 너희 아버지께 영광을 돌리게 하여라.

마태복음 5장 13-16절

싸가지 없음도 인정하는 사회

가톨릭 200주년 기념 성서를 읽다보면 가끔 무릎을 칠 때가 있다. 신박한 번역 때문이다. 예수의 말씀 "너희는 세상의 소금이다"가 "여러분은 땅의 소금입니다"(마태복음 5:13)로 해석된 부분이 특히 그렇다. 외견상 '세상의 소금'과 '땅의 소금'은 비슷해보인다. 그런데 '세상'은 추상적 수사이지만 '땅'은 실질의 언어다. '땅'이 훨씬 와닿는다. 그래서 '땅의 소금'이란 표현이 더 심금을 울린다.

소금은 본래 짜야 한다. 나트륨이 지나치면 문제지만 적당한 짠맛은 미각을 느끼게 하는 데서나 건강을 위해서나 우리 몸에 이득이 된다. 기실 짜지 않다면 소금은 존재의 의미가 없는 것이다. 물론 소금에 짠맛만 있는 게 아니다. 단맛을 낼 용도로도 소금이 쓰인다. 미네랄이 풍부한 천일염이 그러하다. 그렇다. 소금에는 여러 유익한 그리고 고유한 특질이 있다.

우리 고유의 정체성

우리는 각기 고유한 성품을 갖고 태어났다. 이를 '정체성'으로 돌려 표현해도 무리가 없다. 그런데 우리 사회의 정치 자본권력은 사회 구성원을 끊임없이 균질화(homogenising)하려 한다. 질풍노도의 시기에 확연히 갈렸던 동년배의 취향과 감성, 기질은 연배를 더할수록 점점 닮아간다. 이유가 무엇인가. 인간이 사회구조에 지배받게 되면서 차츰 각자의 '맛'을 잃어 균질화된다는 이야기다.

균질화는 본디 재료의 입자 모양이 동일하게 되는 물리 작용에서 비롯된 말이다. 각기 다른 재료의 활용도를 높게 하기 위해 획일화하는 것이다. 우리는 그렇게 서로 닮아가고 있는 것이다. 그래서 나는 '싸가지 없다' '성깔 있다'는 이유로 사람을 차별하고 배제하는 것에 경계한다. 다 착하고 다 순해보라. 나쁜 권력자가 다루기 얼마나 좋겠는가. 한 매뉴얼로만 통제하면 되니까.

가끔 자신의 모난 성정과 반골적 태도에 대해 부끄러워하는 이들을 만난다. 그러나 개똥도 쓰임새가 있다고, 그것이 자신의 운명을 혁명적으로 바꿀 장대높이뛰기의 폴 같은 구실을 할지 어찌 아는가. 한 시대를 풍미한 IT사업가 스티브 잡스는 자신의 라이벌을 곧잘 적으로 여기는 괴팍한 성격의 소유자였다. 그런 그의 모난 성품 즉 투지가 없었다면 오늘의 애플이 가능했을까.

혐오의 대상은 대개 균질화되지 못한 사람이다. 즉 사회적 소수자다. 통념이나 대세를 따르지 않은 경우라 할 것이다. 그렇다면 이런 사람을 혐오하는 이는 누구인가. 다수자, 강자이고, 아니면 누군가로부터 혐오 당할까봐 노심초사하는 부류 아닐까. 그래서 모든 혐오는 떨쳐내야 한다. 어려운 것이 아니다. 각자 고유의 기질을 있는 그대로 존중하면 된다. 각자의 개성을 부정하지 않으면 된다. 길들여질 필요가 없는 것까지 길들여지면 길들이려는 자만 행복해진다.

> 너희는 세상의 소금이다. 소금이 짠맛을 잃으면, 무엇으로 그 짠맛을 되찾게 하겠느냐? 짠맛을 잃은 소금은 아무데도 쓸데가 없으므로, 바깥에 내버려서 사람들이 짓밟을 뿐이다. 너희는 세상의 빛이다. 산 위에 세운 마을은 숨길 수 없다. 또 사람이 등불을 켜서 말 아래에다 내려놓지 아니하고, 등경 위에다 놓아둔다. 그래야 등불이 집 안에 있는 모든 사람에게 환히 비친다. 이와 같이, 너희 빛을 사람에게 비추어서, 그들이 너희의 착한 행실을 보고, 하늘에 계신 너희 아버지께 영광을 돌리게 하여라.
>
> _마태복음 5:13-16

이 성서 본문에서 주목하고 싶은 또 다른 표현은 '산 위의 도시'다. 산 위에 마을, 참 많다. 대한민국에서는 평균 해발 700m인 평창이 대표적이다. 그러나 이보다 7배 높은 5100m 고지의 페루 라린코나다(La Rinconada) 앞에 명함을 내밀 수 없다. 이곳은 백두산 정상보다 2400m는 더 높은 도시다.

여호와의 증인이 발행하는 간행물이라고 설마 이것까지 이단적 메시지는 아니겠지 싶어 소개한다. 《깨어라!》에서 본 바에 따르면, "높이 올라갈수록 기압이 낮아지기 때문에, 해발 2000m 지점에서는 공기 중의 산소 함유량이 약 20% 감소하고, 4000미터 지점에서는 공기 중의 산소가 40%나 감소하게 된다. 산소 부족은 대부분의 신체 기능에 영향을 미친다. 신체만이 아니다. 부풀지 않는 케이크, 푸석푸석 부스러지는 빵, 아무리 익혀도 익지 않는 콩, 제대로 삶아지지 않아 흐물흐물한 달걀" 상태가 이곳의 일상이라고 한다. 그런데 여기도 사람 사는 세상이다. 턱턱 막히던 숨도 며칠 살다보면 호흡이 제법 익숙해진다.

산 위는 어떤 곳인가. 제일 먼저 빛을 보고 제일 먼저 비를 맞고 제일 먼저 눈을 맞는 곳이다. 오래된 교회는 마을 언덕배기에 많다.

북한 주민 상당수는 한국전쟁 당시, '설마 기독교의 나라 미국이 교회마저 폭격할까'라고 생각했던지, 미군이 폭격을 개시하면 언덕 위 교회당으로 몰려갔다고 한다. 그러나 최우선적으로 몰살됐다고 하고. 김태우 서울대 HK연구교수의《폭격》(창비, 2013)에 나오는 내용이다.

산 위의 마을에 서 있는 존재

예수는 우리를 산 위의 마을이라고 비유했다. 그러면서 우리의 행실이 세상에 제일 먼저 드러난다고 했다. 그렇다. 지하실이나 골목에 숨으면 잘 보이지 않는다. 그리스도인은 모름지기 세상 앞에 가장 도드라지게 보임을 각오해야 한다.

프랑스 파리에는 도심은 물론 부도심에도 광장이 산재해 있다. 파리는 왜 이렇게 광장을 좋아할까. 19세기 나폴레옹 3세의 도시 구상이 낳은 결과다. 목적은 간단하다. 시위진압을 보다 용이하게 하기 위해서다. 골목으로 도망하면 놓치고 마는 시위자들, 그들을 효과적으로 체포할 꿍꿍이인 것이다. 파리를 '산 위의 마을'로 만들려던 그 계획은 그렇지만, 망상에 그치고 말았다. 더 많은 시민들을 광장으로 운집시켜 '노란 조끼' 등의 시위를 벌이게 했으니까.

본디 그리스도인은 '산 위의 마을'에 서 있던 존재였다. 예수를 믿기 위해 희생도 불사 않던 네로 시대 초기 교인부터 떠안은 운명이다. 그러나 오늘에 이르러 기독교인은 추문의 주역이 돼도 사람들에게 놀라움을 사지 않는다. 뒤집어 말해서, 사회적 물의를 빚는 교인마저 자신의 일탈이 그리스도의 영광을 가린다는 자책감이 한 올이라도 있는지 의심스럽다. 교회는 산 위에 있으나 이미 혐오시설로 치부된 지 오래다. 교회가 다시 세상의 빛이 되고자 한다면 초기 교인처럼 선한 가치를 위해, 진리를 위해 희생하는 초심을 회복해야 한다. 그 가치와 진리란 무엇인가? 동성애 박멸? 무슬림 추방? 어쩌면 그 반대일 수 있다.

난민 이슈만 터지면 보수 교회의 존재감이 작렬한다. 그래서 참담하다. 그소망교회 이택환 목사는 자신의 페이스북에서 이렇게 질타했다.

교회 관계자들은 잘 생각해보고 말하시라.
교회가 예멘 난민을 도와주면 안 되는 이유는, 동시에 교회가 이슬람 선교를 해서는 안 되는 이유가 된다.
도와달라고 스스로 찾아온 무슬림은 외면하면서, 굳이 도와달라고 하지도 않는 무슬림을 찾아가 선교할 이유가 없지 않은가?
힘없는 몇 백 명의 국내 무슬림이 무섭다고 벌벌 떠는 교회라면, 수십 억(18억)의 막강한 현지 무슬림을 찾아가 할 수 있는 일은 하나도 없다.

난민만인가? '사람 죽이는 군사훈련은 도저히 못 하겠다'는 양심의 요구를 거역할 수 없어 병역을 거부하는 이들 또한 보수 교회의 공격 대상이다. 헌법재판소가 대체복무제도를 법률로 도입하라는 판결을 낸 2018년 6월, 여의도순복음교회가 물주인 〈국민일보〉는 '특정 종교 위한 병역거부의 길, 과연 타당한가'라는 사설을 냈다. 특정 종교는 여호와의 증인을 말하는 것으로, 이들은 개신교로부터 이단으로 규정됐다. (조용기 목사의 세 아들 모두 병역 면제자임을 〈국민일보〉는 잊었을까?)

집총 거부? 그것은 이른바 '정통 기독교'가 먼저 해도 했어야 할 일 아니었나? 기억해야 한다. 호신수단으로써 칼을 들었건만 예수로부터 책망당했던 베드로의 일을. 신앙 양심상 총을 잡지 않겠다는 이들에게 '왜 사람 죽이는 훈련을 기피하느냐'라고 목청 높이는 보수 개신교. 누가 누구의 이단성을 따지는가.

나 만군의 주, 이스라엘의 하나님이 분명히 말한다.
너희는 지금 너희 가운데 있는
예언자들에게 속지 말고,
점쟁이들에게도 속지 말고,
꿈쟁이들의 꿈 이야기도 귀이듣지 말아라.
그들은 단지 나의 이름을 팔아서
너희에게 거짓 예언을 하고 있을 뿐이다.
그들은 내가 보낸 자들이 아니다.
나 주의 말이다.

예레미야 29장 8-9절

가짜 뉴스와 가짜 예언자

나는 나를 가장 잘 안다고 생각한다. 그러나 나를 가장 모르는 사람이 바로 나다. 세상에서 가장 어려운 것이 자기 객관화라고 한다. 자기 객관화가 안 되면 오판이 빈발하는 인생이 되고 끝내 폐인의 말로가 예비된다.

물론 남의 시선에 포획당하며 사는 것이 전적으로 옳다는 의미는 아니다. 모든 것을 감찰하는 하나님은 나의 과거는 물론, 현재와 미래에 대해서도 (이런 말 써서 그렇지만) 부처님 손바닥 보듯 잘 알고 있다. 따라서 나를 가장 잘 아는 조물주께 내 모든 판단을 의탁함이 현명하다.

〈예레미야〉 29장은 남유다가 멸망하던 때의 이야기다. 멸망한 이후에는 지켜야 할 나라가 없어지는 셈이니 예언자 예레미야의 현재 상태는 요컨대 '허탈함'이라 하겠다. 즉 나라를 지킬 수 있을까 하는 초조함과, 지켜야 한다는 사명감은 마음에서 지워진 상태다.

포로로 살라

이 성서는 시드기야 왕 때 이미 바빌론에 1차로 포로로 잡혀 간 남유다의 장로, 제사장, 선지자에게 보내는 예언자 예레미야의 편지다. 예상컨대 편지는 "지금은 포로 신세지만 언젠가 하나님이 너희를 구해주실 것이니 그때까지 힘내라. 그리고 어렵고 고된 시간이라도 너희끼리 서로 의지하다가 기회를 엿봐 바빌론을 탈출하든지 하라. 이집트를 탈출하게 해주신 하나님이 너희를 모른 척하시겠느냐?"라고 적혀 있어야 할 것 같다.

그러나 이 편지는 그 반대다. 하나님의 명령을 받들어 이야기한다더니 "너희는 그 곳에 집을 짓고 정착하여라. 과수원도 만들고 그 열매도 따 먹어라. 너희는 장가를 들어서 아들딸을 낳고, 너희 아들들도 장가를 보내고 너희 딸들도 시집을 보내어, 그들도 아들딸을 낳도록 하여라. 너희가 그 곳에서 번성하여, 줄어들지 않게 하여라."(5-6절)라고 한다. 어차피 포로로 잡혀간 거, 운명으로 알고 새끼 만들고 키우고 잘 살아라, 이 말이다. 황당하다. 어찌 이리 뚱딴지같은 말씀인가?

이스라엘 민족의 자존심, 즉 족부심이 거세다는 것은 모두 잘 아는 바다. 그런데 하나님이 이방 민족에게 잡혀간 이스라엘 민족 자신에게 '거기서 노예의 삶을 즐기라'고 말하니 이 얼마나 황당한 분부인가? 상대가 칼과 몽둥이를 들었으니 도리가 없었겠지만, 명령만 떨어지면 언제든 정말 바빌론을 상대로 저항할 의지가 충만했던 그들이었다. 하지만 이 같은 우국충정에 예레미야 예언자는 '확인 사살'까지 한다. "조만간 포로생활에서 풀려날 거라고 희망 고문하는 선지자가 나올지 모른다. 거듭 말한다. 그런 가짜뉴스를 유포하는 자들한테 속지 말라! 포로생활은 족히 70년은 채워야 한다"는.

그렇다. 이스라엘 백성은 포로생활을 부당하게 강요받는 게 아니다. 하나님이 작심하고 자기 민족을 개돼지만도 못한 삶으로 떠민 것이다. 아마 자녀 혼낼 때 매 드는 심정이었으리라. 가장 우습게 봤던 이방 민족에게 지배받는 상황, 굴욕의 구렁텅이에 빠진 모양새다. 하나님이 가장 아픈 매를 드신 것이다.

그러나 하나님의 사랑은 고갈된 게 아니다. '무슨 노력을 해도 별수 없으니 그냥 몸 다치지 않게 잘 지낼 궁리를 해라!' 라고 말하는 것을 보라. 이 징계는 아무래도 벌 받는 이들에 대한 구제, 구원 계획까지 다 내재된 것이다.

혹시 교회에 나가면 하나님이 환란을 면하게 해줄 거라고 믿는가? 하나님의 징계는 하나님이 결정한다. 인간의 의지와 노력으로 회피할 수 있는 게 아니다. 다만 하나님은 징계 후 다시 끌어 안아준다. 〈예레미야〉에 나온 대로 하나님은 징계 중에도 긍휼을 잊지 않는다. 나의 학부시절 스승이었던 구약학자 오택현 영남신학대학교 교수는 "교회는 하나님께서 세우셨으므로 심판받지 않는다"라면서 자아도취에 빠지지 않았는지 반성해야 한다고 지적했다. "우리는 야훼를 섬기므로, 교회에 다니므로 안전하다"라며 스스로 성역화해서는 안 된다는 이야기다. 만약 이에 반한다면 예수는 필경, "나의 교회를 도적의 소굴로 만들었다"라며 책망할 것이다.

그렇다. 하나님의 훈계를 가벼이 여기면서 고난의 이유를 성찰하지 않는 악인은, 아직 매를 덜 맞은 상태에 놓인 것이다. 고통스럽고 불편해도 하나님 앞에서 내 모든 잘못을 돌아보고 합당한 책임을 지는 것, 이것으로 돌파구를 찾아야 한다. 이렇게 예레미야는 하나님의 징계 기간이 70년 동안 지속될 것이라고 포로된 동포에게 전했다. 하지만 이스라엘 백성은 이 말을 한 귀로 듣고 흘린 듯 보인다.

21세기 거짓 예언

소망교회 은퇴 장로인 이명박 씨(MB)가 중형을 선고받았다. 극구 부인했던 다스 실소유주가 자기 자신으로 드러났기 때문이다. 그가 대통령 후보로 나섰던 2007년 선거 국면, 당시 최대 관심사는 BBK라는 투자자문사의 실소유주의 실체였다. 수천 명에게 피눈물을 자아내게 했던 주가 조작사건의 주범은

BBK 실소유주다. 여기서 다스의 실소유주가 중요한 이유는 BBK 설립 자금이 다스로부터 나왔기 때문이다. 그런데 MB는 BBK의 실소유주는 물론, 다스의 실소유주 또한 자신이 아니라고 못 박았다. 이를 의심하는 시선에는 새빨간 거짓말이라고 광분하기도 했다. 그런데 법원은 다스 주인을 MB라고 했다. 그렇다면 BBK와 전혀 상관없다고 한 MB의 주장은 도전받게 된다. 물론 BBK와 관련한 판단은 이 책이 나올 시점까지 수사조차 되지 않은 '미제'이다.

국부를 유출해 개인 주머니에 착복했을 가능성이 커보인다. 따라서 1심 형량 15년형은 최소한이 될 것 같다. MB는 정치보복 운운하며 억울해하는 모양인데 그가 지은 죄는 평범한 국민이 용납할 수 있는 인내의 한계를 넘어섰다. 만약 예언자가 MB에게 편지를 보낸다면 "15년 아니 그 이상의 시간 동안 몸성히 잘 지낼 궁리나 하라"라고 할 것 같다. 그런데도 뉘우침이 없다면 그는 영원히 하나님의 도성 밖에서 떠도는 자가될 것일 테고.

MB는 이제라도 하나님을 두려워하며 뉘우치고 책임져야한다. 그 스스로 못할 것 같으면 영적 지도자가 나서 예언자적 권면을 해야 한다. 그런데 그에게 가서 가당찮게도 예수가 겪은 십자가 고난을 그의 구속과 비교하고는 무죄를 선언하는 목사가 있다. 예레미야 말대로 하나님의 이름을 팔아 거짓 예언하고 있는 자다.

이사장으로서 내가 쓴 평화나무의 성명은 이러하다. (이 성명은 평화나무의 첫 발표문이다.)

극동방송 이사장 김장환 목사가, 다스 비자금 횡령 및 삼성 뇌물 등 혐의로 1심에서 징역 15년을 선고받은 전직 대통령 이명박 씨를 위해 매주 목요일 서울동부구치소를 방문해 기도해준 것이 시빗거리가 되고 있습니다. 김 목사는 논란에 개의치 않는 듯 최근 보석으로 풀린 이 씨가 원한다면 방문 기도할 뜻도 밝히고 있습니다.

목사가 영혼 구원을 위해 때와 장소, 대상을 가리지 않음은 일견 타당합니다. 그런데 그는 군사반란 수괴요, 광주학살의 주범인 전두환 씨에게 '전도'를 시도한 바 있습니다. 이 씨에 대한 배려와 맥을 같이합니다. 이런 가운데 이명박 씨가 (1심) 법원이 인정한 권력형 비리에 대해 사과는커녕 기본 혐의마저 부정하고 있고, 전두환 씨가 5.18 학살에 대한 참회는커녕 '폭동'이라는 인식을 고집하며 광주시민에게 상처를 입히고 있습니다. 이는 바르고 올바르게 살도록 주문했을 것으로 추정되는 김 목사의 목회적 권고가 실패했음을 입증합니다.

김 목사에게 불의를 꾸짖는 예언자적 역할을 기대하지 않습니다. 반한 감정을 달래기 위해 미국에 건너가 박정희 유신 정권을 성실히 홍보했고, 광주학살 전후로도 전두환 씨와 두터운 친분을 과시했으며, 이른바 '장로 대통령' 김영삼,

이명박 씨에게 든든한 후견인이 됐던 전례를 보더라도 그의 권력 지향적 행보는 기독교 신앙에서 크게 이탈해 있습니다. 특히 그는 죄 없는 예수가 당한 고난에 빗대 이명박 씨의 무죄를 강변하는가 하면, 전두환 씨에 대해 '존경'의 언사를 아끼지 않았습니다. 불의한 지도자를 편드는 듯한 태도는 한국 개신교 전체가 정의로부터 멀어진 종교라는 오해를 부르기에 충분했습니다. 김 목사는 자신의 '정치 행위'로 인해 한국의 양심적 그리스도인까지 망신당하게 한 행태에 사죄해야 합니다.

덧붙여 소망교회 은퇴 장로인 이명박 씨는 김 목사를 끌어들여 예배해달라는 요청을 철회하기 바랍니다. 이 씨가 할 일은 국민을 기만하고 국부를 탕진해 사리사욕을 채우며 민주주의 인권을 총체적으로 후퇴시킨 지난날에 대한 참회와 반성 그리고 법적 책임의 감당뿐입니다.

평화나무는 정치 지향적 목사의 퇴행적 역사 인식이 시대착오적 극우 정치세력 재결집의 불쏘시개가 되지 않도록 감시하고 저지할 것입니다.

2019. 3. 12

급 기도요청!

거짓 예언은 기독교계에서 만연한 가짜뉴스로서 부활했다.

"긴급 기도요청!" 기독교 가짜뉴스는 이런 타이틀로써 다가온다. '기도요청'이라는 포장된 선의에서 의심의 무장은 해제된다. 물론 유포자는 100%의 거짓을 이야기하지 않는다. 극소량의 사실을 가미한다. 여기서 흥미로운 특징을 발견하게 되는데 실명이나 이력을 공개하지 않는 유포자는 대개 스스로를 전문가라고 자처한다. 이런 참칭에는 도덕적 가책이 느껴지지 않는다. 왜냐. 익명이니까.

기독교 가짜뉴스는 사람의 공포심을 자극한다. 내 안정된 삶이 위협받는다고 협박한다. "빨갱이가 교회를 파괴할 것이다" "동성애가 우리 자녀 호모 만든다" "이슬람교가 테러를 유발하게 한다" 등의 줄거리가 그러하지 않은가. 게다가 위기를 터무니없이 과장한다. 마치 지구가 당장에 멸망하듯 떠들어대는 것이다. 방치할 것인가? 그렇다면 이는 사회악이 된다. 그래서 시민단체 평화나무는 가짜뉴스가 오도한 팩트를 바로잡고 나아가 가짜뉴스를 유포하는 세력을 건건이 고발해서 '이런 거 하나 잘못 올리면 처벌을 면할 수 없겠구나'라는 경각심을 선사할 계획이다. 다 공동체를 위한 일이다.

그 안에 사랑이 있는가

사실 가짜뉴스를 막을 가장 좋은 방법은 따로 있다. 판단력을 거세당하지 않도록 우리가 주체적으로 성경을 읽으며 하나님의 뜻을 헤아리는 것이다. 우리의 판단 기능을 설교자에게 몽

땅 맡기고 머리를 비우면 가짜뉴스 유포자에게 이용당하기 딱 좋다. 구약 같은 특수한 상황에서 하나님은 특정 선지자를 통해 사실상 직접 발언했다.

그러나 예수 바울 루터 이후로, 하나님의 신자된 이들의 지성에 호소하며 성찰과 기도의 과정에서 세미한 음성을 들려준다. 예언자의 시대는 지나갔다. 그런데 일부 교회 지도자는 자신의 신통한 해석을 통해서만 진리가 시전된다고 강변하더니 신자를 영적 노예로 만들어버린다. 안 된다. 한 명 한 명이 그리스도의 거룩한 제사장이 된 시대다.

가짜뉴스가 기독교를 중심으로 범람하는 것은 이 땅의 교회는 물론, 교인 대중까지 상당수 영적으로 병들었음을 보여주는 것이다. 〈요한1서〉 4장 1-3절을 보자.

사랑하는 여러분, 어느 영이든지 다 믿지 말고, 그 영들이 하나님에게서 났는가를 시험하여 보십시오. 거짓 예언자가 세상에 많이 나타났기 때문입니다. 여러분은 하나님의 영을 이것으로 알 수 있습니다. 곧 예수 그리스도께서 육신을 입고 오셨음을 시인하는 영은 다 하나님에게서 난 영입니다. 그러나 예수를 시인하지 않는 영은 다 하나님에게서 나지 않은 영입니다. 그것은 그리스도의 적대자의 영입니다. 여러분은 그 영이 올 것이라는 말을 들었습니다. 그런데 그 영이 세상에 벌써 와 있습니다.

명심해야 한다. 거짓 선지자는 이제 사탄의 옷을 입고 오지 않는다. (그런 의미에서 사탄도 진화한다.) 예수 그리스도를 믿는 신앙인의 모습으로도 선다. 하지만 분별하는 법이 있다. 상대 주장 그 안에 사람에 대한 사랑이 있는지 따져보면 된다. 사랑이 없다면 아무리 크게 울리더라도 공허한 꽹과리에 불과하다. 이는 가짜 영이기 때문이다.

처음에는 가짜뉴스를 감별 못해 얼빠진 듯 믿는 사람이 몇이나 있을까 싶었다. 안이했다. 자기가 믿고 싶은 것만 믿는 확증 편향에의 유혹이 우리 사회에 독버섯처럼 번진 상태다. 그렇다면 그리스도인에게 요구되는 품성은 불편하더라도 진실 앞에서는 겸허할 수 있어야 하는 것이다. 진실 곧 진리에 순종함은 그리스도에게 지배받겠다는 전인격적 고백이다. 기독교는 그래서 가짜뉴스와 어울릴 수 없다.

그리스도인의 분별력이 그 어느 때보다 소중한 시기다. 하나님의 뜻을 헤아리는, 또 가짜뉴스의 본질을 꿰뚫는 분별력 말이다. 종교계에 번지는 가짜뉴스는 필시 종교 권력자의 기득권 유지에 이바지한다. 그러기에 하나님의 심판을 면할 수 없는 악의 요체다. 그렇다면 오택현 교수의 말을 경청해야 할 것이다.

갈등 해소를 위해 기도해야 할 교회가 오히려 기득권을 지키기 위해 갈등을 부추기는 모습은 예레미야 시대의 종교

귀족들의 모습과 비슷한 모습이다. 하나님의 심판을 받지 않는 대상은 없다. 교회도 회개하지 않으면 하나님께 심판받는다. 하나님은 죄를 묵인하는 분이 아니라, 예루살렘 성전과 실로 성소를 파괴하는 심판으로 유다 백성의 죄를 심판하신 정의의 하나님이시다.

하나님이 당신의 형상대로 사람을 창조하셨으니,
곧 하나님의 형상대로 사람을 창조하셨다.
하나님이 그들을 남자와 여자로 창조하셨다.
하나님이 그들에게 복을 베푸셨다.
하나님이 그들에게 말씀하시기를
"생육하고 번성하여 땅에 충만하여라. 땅을 정복하여라.
바다의 고기와 공중의 새와
땅 위에서 살아 움직이는 모든 생물을 다스려라" 하셨다.
하나님이 말씀하시기를 "내가 온 땅 위에 있는
씨 맺는 모든 채소와 씨 있는 열매를 맺는 모든 나무를 너희에게 준다.
이것들이 너희의 먹거리가 될 것이다.
또 땅의 모든 짐승과 공중의 모든 새와 땅 위에 사는 모든 것,
곧 생명을 지닌 모든 것에게도
모든 푸른 풀을 먹거리로 준다" 하시니, 그대로 되었다.
하나님이 손수 만드신 모든 것을 보시니, 보시기에 참 좋았다.
저녁이 되고 아침이 되니, 엿샛날이 지났다.

창세기 1장 27-31절

사람에 대한 육식을 멈추라

독실한 기독교인으로 추정되는 어떤 사람이 나에게 문자로 "성서를 '있는 그대로' 믿으라"라고 충고했다. 내가 성서를 '있는 그대로' 안 믿는다고 봤던 모양이다. 사실 성서를 '있는 그대로' 믿기란 쉽지 않다. 예수 부활 사건이 대표적이다. 사람이 죽었다가 되살아났다는 것을 '있는 그대로' 믿기란 쉽지 않다. 그래서 '역사적 예수'의 실체를 연구했던 수많은 신학자들은 이것을 포함해 예수의 생애 특히 초인적 괴력을 발휘한 부분(기적사화라고도 표현한다)을 콕 짚어 비유이거나 과장이거나 오해로 보고 17세기부터 열심히 파헤쳤다. 그리고 끝내 내린 결론은 '확인 불가'였다. 허위인지 또는 진실인지 도무지 알 수 없다는 것이다. 고고학이 제아무리 발달해도 2000여 년 전 일을 규명해낸다는 것은 가능하지 않은 일이다.

나는 우리에게로 온 하나님의 아들을 과학이나 이성의 틀 위에서 사유하지 않는다. 그래서 그의 생애와 부활이 사실인지 아닌지 검증할 필요를 느끼지 못한다. 그래서 나는 성서가 말하는 예수의 역사를 신앙으로써 믿으면서도, 그 믿음을 나의 고유한 신념체계 안에 묶어둔다. 그렇다면 예수나 기독교에 대한 다른 견해에 대해 못 견딜 이유가 없다. 예수 이후 인류가 벌인 전쟁의 절대 다수는 기독교가 한 당사자이거나 심지어 양 당사자라고 한다. 남의 신념을 짓눌러 나의 것을 이식하려는 것. 이것은 강요이고 폭력이다. 나는 신념의 포로가 된 기독교인을 종종 본다. 이해 안 되는 것을 이해 안 된다고 말하는 정상인과 달리, 이들은 누가 말해서 어디에 적혀 있기 때문에 이해 안 되는 것도 이해하려고 한다. 여담같이 말하지만 그러다가 탈난다.

또 다른 우상숭배

〈창세기〉도 그렇다. 하나님이 일주일 새 하늘과 땅을 창조하셨다는 주장 역시 과학적 탐구의 대상이 아니다. 앞서 언급했던 구약학자 오택현 영남신대 교수는 "〈창세기〉 창조 이야기에서 'HOW 즉 어떻게 창조됐느냐'가 아니라 'WHO 즉 누가 창조했느냐'를 주목하라"라고 했다. 이 땅을 포함한 전 우주를 창조하고 운행하는 하나님에게 시선이 모여야지 팩트체크가 불가능한 창조 논란의 디테일에서 허우적대면 안 된다는 말이다.

전제하건대 나는 과학에 사실상 문외한이다. 그러나 지구 나이 6000년이라는 '젊은 지구론'이 과학 범주 밖에 있음은 확언할 수 있다. 스스로 강변하겠지만 과학의 범주 안에 창조론의 설 자리는 없다. 히브리 민족의 신앙고백서를 원전 삼아 계수한 6000년과 역사학, 지질학, 고고학 등 현대 과학의 성과로 규명된 지구 나이 45억 6700만 년이 어찌 같은 반열에서 진위를 다툴 수 있겠는가.

〈창세기〉는 지구가 창조될 당시 저작된 게 아니다. 수천 년 뒤 강대국 포로가 된 유대 백성이 자기 민족의 정체성을 곧추세울 목적으로 설화를 모아 기록한 것이다. 그런 의미에서 나는 젊은 지구론을 과학이 아닌 신학으로써 반박한다. 하나님은 '6000년 전 천지창조' 그 이전에는 아무 일도 안 하고 가만히 있었단 말인가. 또한 기원 전후 시점인 2000여 년 전까지 이스라엘 민족과만 소통했는가.

나는 성서를 사랑하고 그 권위를 존중하지만, 이 기록이 하나님의 모든 경지를 빠짐없이 담았다고 보지는 않는다. 하늘을 두루마리 삼고 바다를 먹물 삼아도 다 기록할 수 없는 은총 아닌가. 제아무리 기름 부음 받은 사람의 손때가 묻었다 해도 무수한 오탈자, 부정확한 팩트 기술, 전승과 번역 과정에서 발생하는 오류까지도 다 신묘막측하다고 할 수는 없는 법이다. 그렇다면 그건 신앙이 아니라 우상숭배이다. 잘못됐다. 하나님은 성서보다 더 훌륭하다.

교회 집사이기도 한 과학자, 이정모 서울시립과학관장은 '창조과학자들의 특징'을 일컬어 "관찰된 증거에서 어떤 이론을 형성해 나가는 일반적인 과학적 사고인 귀납법 대신 성서의 말씀을 설명하는 이론을 만들고 그 이론을 증명할 현상을 찾아 나가는 연역적인 방법을 쓴다"고 지적했다. 과학적 논증 방법이 아니라는 이야기다. 그러면서 "호신불호학(好信不好學)이면 기폐야적(其蔽也賊)이라"라는 말을 인용한다. '믿기만 좋아하고 공부하지 않으면, 그 폐단은 사회의 적으로 나타난다'라는 뜻이다.

> 모든 성경은 하나님의 영감으로 된 것으로서 교훈과 책망과 바르게 함과 의로 교육하기에 유익합니다. 성경은 하나님의 사람을 유능하게 하고, 그에게 온갖 선한 일을 할 수 있게 하는 것입니다.
> _디모데후서 3:16-17

〈디모데후서〉 3장 16절에는 성서의 쓰임새로써 "교훈과 책망과 바르게 함과 의로 교육함" 등이 적시됐다. 또 17절에서는 성서 읽는 사람에게 부여되는 은총으로써 "사람을 유능하게 하고, 그에게 온갖 선한 일을 할 수 있게 하는 것"을 제시했다. 요컨대 '선한 일'이라는 열매를 거두지 못하는 성경 읽기, 의미 없다는 이야기다. 읽기 이전에 가져야 할 성서 독법의 자세가 이런 것이다.

인간의 육식

이런 전제로 〈창세기〉 1장을 보자.

> 하나님이 말씀하시기를 "내가 온 땅 위에 있는 씨 맺는 모든
> 채소와 씨 있는 열매를 맺는 모든 나무를 너희에게 준다. 이
> 것들이 너희의 먹거리가 될 것이다. 또 땅의 모든 짐승과 공
> 중의 모든 새와 땅 위에 사는 모든 것, 곧 생명을 지닌 모든
> 것에게도 모든 푸른 풀을 먹거리로 준다" 하시니, 그대로 되
> 었다.
> _창세기 1:29-30

29절과 30절을 쉬 지나쳐서는 안 된다. 여기서 하나님은
"모든 푸른 풀을 먹을거리로 준다"(30절)라고 했다. 인간이나
동물 모두에게 초식을 명령한 것이다.

그러다가 노아 홍수 사태 이후 조건부 육식을 허용했다. 조
건은 기름과 피를 먹지 않는 것이었다. 독일성서공회의 관주
성서는 이를 두고 "굶주린 인간이 행여 야만적으로 짐승을 살
육할까봐 염려해 제한적으로 허용한 것"이라고 해석했다. 그
런 의미에서 동물권도 창조 원리임을 잊지 말아야 한다.

독일은 이미 세계 최초로 헌법에 동물권을 명시한 바 있
다. 인간이 타인으로부터 고통받지 않고 자유로운 삶을 추구

할 수 있듯 동물에게도 비슷한 권리가 보장돼 있다는 것이다. 이런 가운데 우리 사회 도처에서 벌어지는 동물 축제가 눈에 밟힌다.

'성공한 지역 축제'로 꼽히는 화천 산천어축제는 외지의 산천어를 부화시킨 뒤 화천 내 좁은 호수로 들여와 그 안에 가둬 놓고 사냥감이 되게 하는 축제다. 축제가 끝나면 살아남은 상당수 산천어조차 극심한 스트레스를 이기지 못하고 죽어간다. 이와 관련, 2018년 6월 '동물 축제 반대 축제 기획단'은 동물을 이용한 축제의 84%가 심각한 위해를 가하는 것으로 나타났다고 밝힌 바 있다.

제레미 리프킨이 쓴 《육식의 종말》(시공사, 2002)에서 본 것이다. 소를 뜻하는 영어 'cattle'은 자본을 뜻하는 'capital'과 어원이 같다고 한다. 중세까지 소는 신성한 동물이었고 그 고기가 밥상에 올라간다는 것은 상상조차 힘들었지만 이는 시장이 형성되기 전 이야기. 어마어마한 수요가 이어졌고 공급도 이에 발맞추면서 양상이 전혀 달라졌다고 한다. 미국 축산업자들은 끝내 대규모 축산 단지 건설을 행했고 이에 상응해서 인디언은 생활 터전을 상실해갔다.

브라질 환경운동가 치코 멘데스는 축산업자들의 남미 열대우림 파괴를 반대하다가 1988년 흉탄에 살해당했다. 그렇게 열심히 소의 고기를 공장에서 물건 찍어내듯 생산하다가 인류는 광우병이라는 역풍을 맞았다. 광우병만인가. 닭에게서는 조류 인플루엔자, 돼지는 구제역으로 우리는 절기 행사처럼 역병을 치러야만 한다. 성서의 말씀을 존중한다면 과도한 육식은 삼가는 것이 옳다.

하려면 뚝심 있게

〈레위기〉를 보면 굽 있는 짐승을 먹지 말라고 못 박았다. 굽 있는 짐승은 멀리서 찾을 것 없다. '고기의 대명사' 소와 돼지다. 20여 년 전 대학생 때 에피소드. 성서 통독 모임에서 강사 목사님은 "성서(레위기)에 나와 있는 대로 돼지고기 먹지 말라"고 해설했다. 굽 있는 짐승만인가, 비늘 없는 생선도 안 된다는 성서의 엄명이 있다. 때마침 점심 공동식사가 이어졌다. 돼지고기 김치찌개와 오징어 볶음이 식탁 위에 올랐다. 당시 그 목사님의 묘한 표정은 지금도 잊지 못한다. 식단에는 그다지 간섭 안 하신 듯 보였다.

성서가 동성애를 가증하게 여긴다며 맥락도 배경도 안 따지고 절대 율법시했던 신학교. 그 신학교의 구내식당 메뉴를 인터넷에서 찾아봤다. 돼지고기볶음, 참치 김치찌개가 보였다. 굽 있는 돼지의 고기와 비늘 없는 생선 참치로 구성된 식단이었다. 지행합일, 언행일치도 볶아먹고 끓여 먹은 모양이다.

왜 성서에서 지킬 것, 안 지킬 것을 자의적으로 구분하나. 무식하고 미련해도 지조 있고 용렬하게 '성서대로' 실천한다면 인정받기라도 한다. 성경에서 굽 있는 고기, 비늘 없는 생선 먹지 말라고 하면 뚝심 있게 소, 말, 양, 염소, 돼지, 꽁치, 가물치, 갈치, 넙치, 멸치, 참치, 오징어, 상어, 숭어, 홍어, 고등어 먹지 않아야 한다.

〈로마서〉 13장 "모든 권력에 순종하라" 해서 박정희 전두환 정부에 순종했다면 뚝심 있게 김대중 노무현 정부에도 순종해야 한다. 성경에서 "사랑하라" 하면 저 좋아하는 사람만이 아니라 뚝심 있게 동성애자뿐 아니라 빨갱이, 난민, 타종교인도 사랑해야 한다. 보수 신앙을 신주단지처럼 여기는 교인들, 어떤 건 맥락 무시하고 "옳다" 하며 믿고, 어떤 건 이런저런 이유 붙여가며 "시대에 맞지 않는다" 하며 일축한다. 안 된다. (여담이다. 언제부터 기독교는 육식에 대해 아무 거리낌이 없어졌을까. 토마스 아퀴나스가 활동했던 중세였던 것 같다.)

고통을 제물 삼아

하나님은 같은 생물체면서 다른 생물체의 고통을 제물 삼아 행복을 독점하려는 세상을 원치 않는다. 이 같은 창조질서를 존중한다면 남의 생명을 끊어 고기로 취하는 것만 안 하면 되는 게 아니다. 노동자에게 감정노동마저 강요하는 재벌 오너, 임대료 인상으로 가난한 자영업자와 서민의 고혈을 짜는 부동산 부자, 이들의 이익을 대변하며 세상을 총체적으로 반동시키려 하는 수구 언론 세력들, 그리고 이들의 이익의 충실한 대변자, 입법부 사법부의 적폐들. 남의 아픔에 둔감한 모든 기득권자들의 각성이 수반돼야 한다.

　모든 부와 권력을 한 손에 쥐고 남에게 빼앗기지 않으려는 세력 즉 창조주가 조성한 공동체를 파괴하는 세력. 이들과의 끝장 승부가 불가피하다. 창조질서는 개개의 피조물만이 아니라 피조물이 모인 공동체가 행복한 세상을 말한다. 우리가 사는 세상과 창조질서가 생동하는 세상은 좁혀지고 있는가, 아니면 점점 이격되고 있는가.

내 계명은 이것이다.
내가 너희를 사랑한 것과 같이,
너희도 서로 사랑하여라.
사람이 자기 친구를 위하여
자기 목숨을 내놓는 것보다 더 큰 사랑은 없다.
내가 너희에게 명한 것을 너희가 행하면,
너희는 나의 친구이다.

요한복음 15장 12-14절

스스로 목숨 끊은 사람 그를 신원한다

노회찬 정의당 의원이 2018년 7월 23일 세상과 등졌다. 일생 그는 자신보다는 민주화, 인권 신장, 노동권 확대, 진보 정당 대중화를 위해 일했다. 그의 유서엔 "모든 허물은 제 탓이니, 정의당을 계속 아껴달라"는 말을 했다. 그의 비보를 접한 벙커1교회는 7월 29일 '노회찬 형제 고별예배'를 했다. 당일 설교문이다.

사랑하는 노회찬 형제 고별예배에 함께해주신 여러분, 감사하다. 이 예배를 처음 기획한 사람이 나다. 계기가 있었다. 요즘 이름 좀 알려진 어떤 목사가 노회찬 형제의 죽음을 거론하며 "죄와 마귀는 우리를 죽음으로 몰고 간다"라고 말했기 때문이다. 노골적이진 않지만 이 이야기는 '자살하면 지옥 간다'라는 익숙한 마타도어와 동전의 양면을 이룬다. 이 주장이 제동 없이 번져 한국교회의 무지와 잔인함이 또 한 번 드러날까 염려됐다. 그리고 노회찬 형제를 이렇게 보내드릴 수 없다고 마음먹었다.

오늘 하나님께 신원(伸冤, 원통한 일을 푸는 것으로 자살자에 대한 편견과 저주를 해소하고자 함)하려고 한다. "하나님, 노회찬 형제는 그 유명 목사가 이야기하듯 '성령의 능력과 은혜를 입지 못한 자'가 아닙니다. 어쩌면 그 어떤 그리스도인보다도 더, 예수의 정신을 따르려 했던 성령의 열매가 가득한 사람입니다. 그의 영혼을 기쁘게 맞아주옵소서"라고 설교하며 기도하려는 것이다.

오늘날 자살은

월드비전 회장을 지내신 시민운동가 고 오재식 선생 이야기다. 가난하고 힘없는 노동자를 대신해 싸우던 전태일. 그가 1970년 11월, 노동자를 전혀 지켜주지 못해 그저 종이 쪼가리에 불과한《노동법전》과 함께 자기 몸을 태웠다.

오 선생은 전태일 열사의 장례예배를 준비했다. 기왕이면 크고 상징성이 있는 영락교회에서 봉헌하려 했다. 특별히 오 선생이 그 교회 출석 중이어서 담임목사 즉 한경직 목사의 동의를 얻는 것은 어렵지 않을 것으로 자타가 예상됐다. 그러나 거듭된 면담 요청에도 한 목사는 만나주지 않았다. 결국 사택에까지 찾아갔던 모양이다. 못 이긴 채 늦은 밤 자택에서 나온

한 목사, 이렇게 말한다. "자살한 사람의 장례는 교회에서 할수 없으며, 그가 교인이라면 출석하고 있는 교회에 가서 하는 것이 원칙이다." 한마디로 거절한 것이다. '자살한 이는 기독교회에서 추모할 수 없다.' 참으로 얼음장 같은 말이었다.

오 선생은 분노했다. 그리고 《기독교사상》 12월호에 이런 글을 남겼다. 여기서 '너', '천민'은 다름 아닌 전태일이었다.

교회는 비굴한 미소로 연명하여 상처 없이 죽은 무리를 성도로 추서하는 장소였다. 교회는 흠 없는 성도들의 사교장이요, 너 같은 쓰레기를 상면하는 것만으로도 수치를 느낄 것이다. 네가 장터에서 선동하고 네 목숨을 내어 맡길 때 교회는 철문을 굳게 잠그고 취침 시간을 엄격히 지키고 있었다. 보드라운 잠옷에 경건한 마음으로 교회의 영광을 기도했으리라. 제 목숨 하나 살피지 못하는 천민이야 쓰레기통 옆에다 팽개친들 무슨 상관이냐. 하나님의 거룩한 아들이야 저 명부에 올라 있는 계꾼들이지. 너도 행여 다시 나거든 그 명부에다 등록하라. 요람에 묘지까지 보장받는 보험회사에 가입하라.

아마 이렇게 물어볼 사람도 있을 것이다. '자살한 사람도 (그리스도인이면) 구원받을 수 있느냐?' 이에 답하기에 앞서 우선 반문하겠다. '자살한 사람이 구원 못 받는다는 게 도대체 무엇을 근거로 하는 주장인가.' 아우구스티누스부터 시작해서 기독교 초기 교부들은 '자살은 안 된다'라는 드립을 종종 펼쳤다. 타인은 물론 스스로에 대한 살인도 안 된다는 뜻이다. 그런데 그게 하나님의 말씀 또는 성경의 가르침인가. 물론 나는, 살해라면 그 어떤 것이라도 반대한다. 그렇다면 그 아우구스티누스가 펼쳤던 또 다른 논리 '정의로운 전쟁이 있다'라는 주장도 모순임을 짚어야 한다. 전쟁하면서 어찌 살인을 피할 수 있는가. 그 살인은 괜찮다는 것인가. 즉 '정의로운 살인'이 있을 수 있다는 말인가.

분명히 짚고 넘어가자. 하나님은 성서에서 자살한 사람을 죄인으로 정죄하지 않았다. 자살에 대한 하나님의 최종적이고도 정확한 의중은 '간곡한 만류'이다. 〈에스겔〉 16장 6절에 "핏덩이로 누워 있는 너에게, 제발 살아만 달라고 했다"는 말씀이 있다. 이 메시지의 맥락은 극단적으로 소외되거나 절망감에 싸여도 '살라'고 당부하는 것이다. 갓난아기가 탯줄을 절단받지 않았고 누구로부터도 씻김받지 않았으며 강보에 싸이지도 않은 채 들에 버려진 상태. 또 맹수가 물어가거나 요행히 그런 일이 없어 굶어 죽어도 관심조차 받지 못할 사정. 이 생각만 해도 참혹한 상황에서도 살라는 당부다. 요컨대 노회찬 형제가 스스로 몸을 던졌다고 하나님께 죄를 범하는 것이 아니다.

그렇다면 스스로 목숨 끊은 이들은 어디로 갈 것인가. 천국 아닌 다른 곳에 가게 되는 것일까. 목사였던 아버지는 40년 목회를 회고하며 가장 힘든 사역으로 자살자 추도예배를 꼽았다. 그래서 영정 앞에서 고인의 구원 여부 언급은 삼가고 유가족을 위로하는 내용으로 설교한다고 했다. 아버지도 자살자의 '천국행'에 확신이 없었던 것이다. 하지만 나는 구원할지 말지는 하나님이 결정한다, 그리고 하나님이 우리의 좁은 헤아림에 갇혀 판단하지 않으신다고 생각하고 말한다. 그런 의미에서 유사하게라도 '자살한 사람은 지옥 간다'는 말을 해서는 안 된다. 세상 떠난 이의 운명을 하나님에게 맡기고, 우리는 아픈 마음에 파르르 떠는 유가족을 돌보면 된다.

현대 사회에서 자살은 사회적 타살이다. 한국 사회에서 자살률이 급증한 계기는 1997년 외환위기였다고 한다. 〈경향신문〉 안호기 경제부장의 2014년 1월 6일 자 칼럼 중 일부다. "외환위기 이후 자본은 노동에 대한 통제를 강화하면서 구조조정 허울을 씌워 수많은 노동자를 거리로 내몰았다. 양질의 일자리는 갈수록 줄어들고 있다. 양극화가 심해지면서 상대적 박탈감에 빠진 '신빈곤층'이 크게 늘었다. 탈출구를 찾지 못한 일부가 자살이라는 극단적 방법을 택하고 있다. 최근 한국에서의 자살은 사회 공동체 구성원 모두에게 책임이 있는 '사회적 타살'이다."

사실 외환위기는 한국 사회 공동체성이 해체되면서 자본이 모든 물적 정신적 주도권을 제패하는 계기가 됐다. '비정규직' '정리해고'가 당연시되면서 '무능한 자' '가난한 자'는 거침없고 잔인하게 솎아졌다. 힘없는 일개인은 그저 '쫄리면 뒈지시던가?' 하는 대접을 받았다. 자살자를 탓하려면 이 비정한 사회 구조를 개선하는 것이 우선이다. 삶의 활로가 다 막혀 스스로 목숨을 끊었던 송파구 세 모녀를 누가 정죄할 수 있단 말인가.

어떤 이타적 죽음

노회찬 형제 죽음은 그렇다면 전태일 열사의 자결과 같은가, 이렇게 물어볼 사람이 있을지 모르겠다. 그렇다면 노회찬 형제가 정치자금법 위반 건에 대한 수사와 처벌이 두려워 극단적 선택을 했다고 보는 것이다. 과연 그럴까? 정치자금법 위반으로 감옥에 가는 것, 의원직을 잃는 것이, 그보다 더한 험한 길을 걸어온 노회찬에게 죽음과 맞바꿀 고난일까? 김동호 목사가 한 말이 있다. "정의를 말하는 사람은 역경에 강하다."

노회찬이 받은 돈의 액수는 매우 적은 것이었다. 대가성 따위도 없었으니 뇌물 수수로 보기 어렵다. 굳이 과실을 물으려 한다면 정치자금법 위반 정도다. 일의 전모가 이렇다면 극단적 선택의 이유를 다른 배경에서 찾음이 온당할 것이다. 혹시 가뜩이나 취약한 지지기반 위에 서 있는 정의당의 앞날 곧 진보정치의 미래가 혹시 자기 일로 인해 타격받지 않을까 염려함은 아니었을지. 노회찬 형제는 자신이 진보정치의 아이콘으로 주목받은 현실에 무거운 책임감을 느꼈을 것이다. 자신의 허물이 곧 진보정치의 허물이 될까봐, 말하자면 '즈엉이당' 운운하는 자들로부터 진보정치가 통째로 부정당하게 될까봐 노심초사했을 것이다. 그 상황이 현실로 나타나기 전, 창문 밖으로 몸을 던져 손절매하려 했을 것이다. 그랬을 것이다.

죽음을 결행하기에 앞서 노회찬 형제는 노무현 전 대통령을 생각하지 않았을까? 포괄적 뇌물죄 혐의를 받던 노 전 대통령, 자신의 허물로 비롯된 문제라면 그는 살아서 모든 책임을 졌을 것이다. 그에게는 감옥이 낯설지 않은 공간이다. 노동운동 때문에 수감된 이력이 있었으니까. 또한 자신이 변호사인지라 스스로 법리적 구제의 길을 모르지 않았을 것이다. 당시에도 '서초동' 주변에서는 노 전 대통령에게 유죄 판결을 내리긴 쉽지 않으리라 생각했다. 당시 대통령 이명박 씨도 노 전 대통령 명성과 정치적 영향력을 최소화하는 게 목적이었지 그의 처벌 여부에 대해서는 별무관심이었던 것으로 알려졌다.

노무현 전 대통령을 견디지 못하게 한 것은 '자신의 뇌물 수수 의혹 수사가 민주진보진영 전체를 폐족으로 만드는 도화선이 되지 않을까' 하는 부분 아니었을까? 죄가 없다면 그런 걱정을 왜 하느냐, 모든 시시비비는 법정에서 가려지지 않겠느냐고 말할지도 모르겠다. 그러나 이는 사법 영역에서나 해당하는 이야기다. 여론재판은 별개다. 법전에 있는 '무죄 추정 원칙'은 허울일 뿐이고, 짧으면 1년, 길게는 2-3년 동안 일국의 전직 대통령이 재판정에 끌려다니며 자신의 무죄를 호소하는 굴욕을 감내해야 하며, 설령 최종적으로 무죄가 난들 잃어버린 시간 또 사건 이전의 삶을 보상받지 못한다. 여론재판이 이렇다. '심판받지 않는 권력' 검찰은 이렇게 다방면으로 그리고 치명적으로 한 인격에게 씻을 수 없는 상처를 가할 수 있다. 절대자다.

실제 '노무현 수사'의 불똥이 튈까봐, 민주당 일각에서까지 노무현 전 대통령에게 '굿바이'를 외치고, 심지어 진보언론에서는 '마지막 승부수'라는 표현을 써가며 극단적 선택을 압박하기도 했다. 노 전 대통령은 죽기 전 "자신은 더 이상 개혁의 전범이 될 수 없으므로 노무현을 버리고 가라"고 했다. 노회찬 형제도 "나는 멈추지만, 정의당은 앞으로 나아가라"고 했다. 노전 대통령은, 또 노회찬 형제는 자기가 중요하지 않았다. 우리는 왜, 노무현을 잃고 땅을 쳤으면서도, 노회찬에게 제2의 길이 있음을 보여주지 못했을까. 통탄하고 또 통탄한다.

노회찬은 이타적인 사람이었다. 그는 생을 포기하는 순간까지 자기 명예에 집착함이 없었다. 예수가 그러하지 않았는가. 예수는 죽음을 운명으로 알았다. 강만원 종교칼럼리스트는 "예수님이 '깨어 기도하라'라고 하시고, 그가 또한 핏방울 떨어지듯이 땀을 흘리시며 밤이 새도록 처절하게 기도하신 것은 결코 도피가 아니라 몸을 던져 행동하기 위한, 다시 말해 생명을 바쳐 순종하기 위한 '몸부림'"이라고 말했다. 병자 또 망자를 고치고, 수천 명을 먹이며, 미친 사람 머리에 침투한 악마를 몸 밖으로 끌어내는 초능력을 지닌 그가 피할 능력이 없어 소수의 로마병정에 잡혀가 채찍질 등 모욕을 당하며 십자가에 달렸겠는가. 그는 스스로 죽음의 길을 택했으니 그것은 의롭고 선한 동기에 의해 스스로 목숨을 끊은 이들의 결심과 다르지 않았을 것이다. 그런데 예수의 죽음이 어떤 결과를 불러왔는가. 기독교인은 이를 통해 인류가 죄와 율법, 사망의 그늘에서 벗어나 광명을 찾았다고 찬송한다. 그가 죽지 않았다면 가능하지 않을 일이라고 고백한다.

작은 자를 섬기는 것

기실 삶과 죽음의 경계는 하나님의 아들에게 무의미한 것이다. "사람이 친구를 위하여 자기 목숨을 버리면 이보다 큰 사랑이 없다"라는 말을 보자. 재해석하면 이런 말도 가능하다. "친구를 위해 목숨 버릴 정도의 의리가 있다면 이게 진짜 사랑이다. 이 사랑을 가진 자, 나의 친구다."

최후의 만찬에 앞서 제자의 발을 씻기던 예수는 또한, "내가 너희를 사랑한 것처럼 너희도 서로 사랑하여라"라고 했다. 그렇다. 이미 유다의 배신, 베드로의 배신을 예감한 예수는 나머지 제자에게도 별 기대를 걸지 않았을 것이다. 실제 배신하고 도망한 제자에게 "내가 너희를 사랑한 것처럼 너희도 서로 사랑하여라"라는 예수의 말은 그들의 얄팍한 염치를 후볐을 것이다. 성서는 훗날 예수가 배반한 제자들 앞에 나타났다고 기록한다. 예수의 실물을 봤든 허깨비를 봤든 제자들은 크게 부끄러워하며 순교 당할 때까지 예수를 증언했다.

"사람이 친구를 위하여 자기 목숨을 버리면 이보다 더 큰 사랑이 없나니 …곧 나의 친구라"(요한복음 15:13-14, 개정개역)라는 말을 복기하면서 노무현 전 대통령이 1989년 현대중공업 노동조합 파업지지집회에서 했던 말을 또한 되뇐다. "여러분, 사람대접을 받고 싶으십니까. 의리 있는 사람이 되십시오. 여러분이 사람대접을 받고 싶으면 의리가 있어야 합니다."

그렇다. 노회찬 형제는 노동자 즉 소수자 약자에게 한결같이 진정성을 보였던 사람이다. 노회찬 형제의 국회 영결식 당일, 국회 입구에 늘어서서 운구 차량을 보며 눈물을 흘리던 국회 환경미화 노동자들을 기억하는가. 그들을 정규직화하기 위해 애썼던 고마운 이는 이제 불귀의 객이 된 것이다. 어디 국회 환경미화 노동자뿐인가. 노회찬 형제를 '성령의 능력과 은혜를 입지 못한 자'라고 규정한 그 목사를 향해 강만원 선생이 했던 또 다른 말이다. "예수께서 '세상의 작은 자를 섬기는 것이 나를 섬기는 것'이라고 말씀하신 메시지는 허접한 영성일기나 쓰면서 맨날 이기적인 영성놀이에 심취하라는 주문이 아니라 세상의 작은 자를 마음을 다해 섬기라는 명령이다. 고 노회찬 의원의 영결식을 보며 눈물을 주체할 수 없었는데 마음 한편에서 그 목사 같은 자들의 가증한 '영성 팔이'에 주체할 수 없는 분노가 치밀어올랐다"라고 했다. 영성도, 친구를 위해 자기 목숨을 내놓는 결기가 내재되지 않는다면 울리는 꽹과리와 다름 아닌 것이다.

7만이 넘게 그의 장례식장에 모여든 이들, 어떻게 보이던

가. 나는 그 현장에서 노회찬이 꿈꾸던 세상의 예고편을 본 것 같다. 국무총리, 장관, 대통령 비서실장, 청와대 수석, 정당 대표, 국회의원, 유명인들이 노동자, 농민, 장애인들과 줄서서 조문한 장면에서 말이다. 그가 꿈꾼 평등 세상이 장례식장에서나마 모델하우스처럼 모습을 드러낸 것이다.

노회찬은 스스로 무신론자라고 〈딴지일보〉와의 인터뷰에서 말했다. "나는 종교를 굉장히 존중하고 종교하고 가까운데 제가 가지고 있는 세계관 철학으로써 종교를 안 받아들이고 있다." 그리스도인의 핵심 덕목인 인간 존중은 역설적으로 현대 기독교의 틀 속에서 실천하기 어렵다. 부자가 되지 못하면 신앙의 열매가 없는 삶인 양 취급받고, 동성애와 모슬렘을 혐오해야 신실한 믿음으로 '인증'되는 풍토 속에 노회찬의 정치 철학은 기독교와의 공유 지점을 찾지 못했을 것이다.

도올 김용옥 선생도 언급했지만, 노회찬과 예수의 닮은꼴이 있다. 바로 비유 능력이다. "새 술을 넣을 때는 새 부대에 넣어라." 이 예수의 말은 "썩은 정치판을 이제 바꿔야 합니다. 50년 동안 삼겹살을 같은 불판 위에서 구워 먹으면 고기가 새까맣게 타버립니다. 이제 바꿀 때가 됐습니다" 하는 2004년 노회찬 형제의 비유와 맥이 닿아 있다. 예수는 하나님 나라의 비밀, 즉 진리를 세상 사람들이 알아듣기 쉽게 비유를 썼다. 마찬가지다. 노회찬도 자신의 정치적 메시지를 민중의 눈높이에 맞춰 이야기했다. 그는 민중이 진보정치를 몰라준다면서 탄식하지 않고 최선을 다해 설득했다. 허위의식을 버리고 밑바닥

민중과 어울려 한 공동체를 이루던 꿈, 모르긴 해도 노회찬은 가장 열심히 예수를 연구한 사람 같다.

결론이다. 노회찬 형제가 이 세상을 떠나 어디로 갈 것 같은가. "지극히 작은 자 하나에게 한 것이 곧 내게 한 것"(마태복음 25:40, 개역개정)이라고 하신 예수의 말로 나는 짐작한다. 또 가난하고 힘없는 자 즉 "친구를 위하여 자기 목숨을 버리면 이보다 더 큰 사랑이 없나니 곧 나의 친구"(요한복음 15:13-14, 개역개정)라고 하신 예수의 말로 확신한다. 더구나 마태복음 5장 팔복에 나온 대로 평화를 위해 일하는 자에게 부여되는 복, 하나님의 아들이라 일컬음을 받는 복을 노회찬 형제가 받게 될 테니 그는 예수 형제로서 예우받을 것이다. 그는 하늘나라 가장 상석에 있을 것이다. 그가 등록 교인이 아니었는데도? 예수도 등록 교인이 아니었다.

오늘 우리는 노회찬 형제와 고별한다. 우리는 그의 영혼을 주님께 의탁한다. 그러면서 아뢴다. 그는 독재의 억압이 판치고, 자본의 욕망이 지배하는 세상 속에서도, 사람이 우선되고 희망이 되는 세상을 위해 앞장서 애써온 사람이라고. 그를 잊지 말고 천국에서 기쁘게 맞아주시기를 바란다고. 그리고 우리가 모두 노회찬의 남긴 씨앗이 돼 노회찬이 미처 이루지 못한 꿈을 영글게 해달라고. 그래서 하나님 나라가 이 땅에서도 실현돼 생명과 평화, 민주주의와 정의, 인권과 사랑이 강물처럼 흐르게 해달라고.

함께 기도합시다.

노회찬의 하나님. 청년기부터 육십 넘은 인생의 후반부까지 그는 단 한시도 사사로운 삶을 살지 않았습니다. 노동자, 민중과 민주주의를 위해 싸운 그의 삶이었습니다. 그래서 벗인 그를 보내는 우리의 마음은 너무나 무겁습니다. 그런 그가 안식에 들어갔사오니 주여 그의 영혼을 받아주옵소서. 그리고 삶으로 드린 예배를 똑똑히 세어주시길 바랍니다. 오늘 노회찬을 잊지 못해 모인 믿음의 동지들, 우리가 그의 백분의 일이 되고, 천분의 일이 되고, 만분의 일이 돼 고난받는 백성을 위해 일하겠사오니, 노회찬에게 부여하신 지혜와 능력, 열정을 우리에게도 주옵소서. 노회찬의 남은 가족과 동지들도 위로하여주시고 주의 은혜가 불기둥으로 구름 기둥으로 노회찬의 가정과 노회찬이 지키려고 했던 진보정치를 지켜주옵소서.

오늘 우리가 봉헌하는 헌금은 260여 일째 고공농성 중인 파인텍 해고노동자에게 전액 전달합니다. 노회찬의 못 이룬 꿈을 대신해 전달하는 정성인 만큼 이 작은 정성 속에 성령께서 역사하셔서 노동 정의가 바로 서는 세상을 완성하는 데 작은 벽돌이 되도록 인도하옵소서. 주여, 이미 노회찬을 끌어안으시면서 "자랑스럽다. 내 아들아. 너의 상급이 크다"라며 안아주고 계시겠지요? 이 모든 말씀, 친구를 위하여 자기 목숨을 버린 예수 그리스도의 이름으로 기도합니다. 아멘.

"내가 나의 특사를 보내겠다. 그가 나의 갈 길을 닦을 것이다.

너희가 오랫동안 기다린 주가, 문득 자기의 궁궐에 이를 것이다.

너희가 오랫동안 기다린, 그 언약의 특사가 이를 것이다. 나 만군의 주가 말한다.

그러나 그가 이르는 날에, 누가 견디어 내며,

그가 나타나는 때에, 누가 살아남겠느냐?

그는 금과 은을 연단하는 불과 같을 것이며, 표백하는 잿물과 같을 것이다.

그는, 은을 정련하여 깨끗하게 하는 정련공처럼,

자리를 잡고 앉아서 레위 자손을 깨끗하게 할 것이다.

금속 정련공이 은과 금을 정련하듯이, 그가 그들을 깨끗하게 하면,

그 레위 자손이 나 주에게 올바른 제물을 드리게 될 것이다.

유다와 예루살렘의 제물이 옛날처럼, 지난날처럼, 나 주를 기쁘게 할 것이다.

내가 너희를 심판하러 가겠다.

점 치는 자와, 간음하는 자와, 거짓으로 증언하는 자와,

일꾼의 품삯을 떼어먹는 자와,

과부와 고아를 억압하고 나그네를 학대하는 자와,

나를 경외하지 않는 자들의 잘못을 증언하는 증인으로, 기꺼이 나서겠다.

나 만군의 주가 말한다."

말라기 3장 1-5절

하나님은 왜 침묵하는가

만해 한용운의 〈님의 침묵〉 일부다. "님은 갔습니다. 아아, 사랑하는 나의 님은 갔습니다. (중략) 아아, 님은 갔지마는 나는 님을 보내지 아니하였습니다." 문제를 내겠다. 여기서 '님'은 누구일까? 1번 민족, 2번 연인, 3번 실현되지 않은 이념이나 진리. 정답은 없다. 굳이 찾아야 한다면 '한용운 선생 머릿속에 있다'가 되겠다. 무슨 뜻이냐? '시인이 쓴 시어가 어떤 뜻을 은유하고 있는지 (당사자가 밝히지 않았는데) 수학이나 과학 문제처럼 특정할 수 있는가?' 이 말을 하려는 것이다.

침묵하시는 하나님

이 시를 쓴 만해 한용운 선생은 스님이지만 이 시의 주인공은 구약 이후로 침묵하시는 하나님을 연상하게 한다. 하나님은 그때부터 지금까지 침묵하고 계신다. 그렇다면 '마지막 말씀'은 무엇이었느냐. 지금 접하고 있는 본문은 〈말라기〉다. 하나님은 이스라엘 민족으로부터 두 번 뒤통수를 맞은 상태다. 첫 번째, 이스라엘 민족은 다른 신을 믿으며 하나님을 배반했다. 그러다가 분단의 그늘이 드리워지더니 강대국의 포로가 되는 징계를 당한다. 종아리 때린 후 상처 난 자리에 약을 바르는 어버이의 마음처럼, 하나님은 100년도 안 돼 이방 왕 고레스를 시켜 노예 상태에서 풀어줬다. 하지만 이스라엘 민족은 은혜를 잊고 구원해준 신을 외면하더니 구태로 돌아간다. 하나님을 또 진노케 했다. 그 뒤 "너희를 심판하겠다"라는 그분의 마지막 경고를 받아든다. 야구에서 스트라이크 세 번이면 아웃이고, 학교에서도 학사경고 세 번이면 제적되듯, 하나님은 마지막 세 번째 기회를 준 것이다. 그런데 "내가 나의 특사를 보내겠다"라고 말씀한다. 특사(特使), 다른 번역본 성경은 '사자'(使者)라고 했다.

'특사'는 무엇 또 누구를 뜻할까? 상당수 성서 해설서는 세례 요한을 지칭하는 것이라고 본다. 과연 말라기가 전한 하나님의 특사는 세례 요한일까? 신약을 존중하지만 신앙의 대상으로 삼지 않는 유대교에서는 물론 부인한다. '세례 요한이 거기서 왜 나오느냐?' 이런다. 그러나 그리스도교인은 '그렇다'라고 믿는다. 이 지점에서 주목할 부분이 있다. 신약성서 〈누가복음〉과 함께 〈마태복음〉, 〈마가복음〉 등 세 복음서에서 세례 요한을 등장시키는 점이다. 구약성서와 예수 그리스도 즉 신약성서를 연결 지으려는 의도로 해석함이 아무래도 합리적이다. 이중 세례 요한과 관련해 〈누가복음〉에만 기록된 구절이 눈길을 끈다. 3장 6절이다. "모든 사람이 하나님의 구원을 보게 될 것이다." 그렇다. 〈말라기〉와 〈마가복음〉 등 복음서 사이에는 400년의 틈이 있지만, 전통적 그리스도교 신앙인은 하나님 구원 사역의 단절은 없었다고 믿는다. 침묵했으나 내버려두지는 않았다고 봐야 한다.

살다가 종종 '하나님이 (꼭 아니더라도 전지전능한 신이) 이 즈음에 개입하셨으면 하는' 때를 만날 것이다. '개입까지는 아니더라도 훈수라도 두셨으면…' 하는 바람을 갖거나. 그런데 이 절실한 국면에서 하나님의 목소리를 들은 분이 있는가? 신앙간증 집회에나 가야 그런 분들을 볼 수 있는 것 같다. 사실상 없다는 말이다. 하나님은 위기에 특히 말씀을 자제하는 것 같다. 〈말라기〉 이후 이스라엘 민족도 그러했다. 그로부터 약 400년 동안 하나님 자신은 말할 것도 없고 대언해줄 예언자 한 사람조차 보내지 않았다. 그러다가 기원전 63년경 로마제국이 이스라엘을 점령한다. 그리고 수십 년 뒤 예수가 이 땅에 온다. 하나님은 당신의 독생자를 보냄으로써 긴 침묵을 깬다. 그렇다. 예수 그리스도가 곧 '말씀'이라면 그것은 정말 마지막이었다.

예수가 세상에 올 무렵, 이스라엘은 메시아를 간절히 앙망했다. 더 이상의 포로생활에 제동을 걸고 이를 확실히 담보할

독립국과 지도력 구축을 실현할 메시아. 예수에게 그런 기대가 투영됐다. 그런데 예수는 다른 사람보다 썩 특출날 것이 없어보이는 존재였다. 기대의 무게로 짐작해보자면, 상류층에 들어가 조자룡 칼 춤추듯 용맹스럽게 혁명의 날을 휘둘러야 할 텐데 그러기는커녕 가난하고 무식하며 병든 사람들 곁에 맴돌면서 '영양가' 없는 발언과 행동을 이어갔다. 그러다가 무기력하게 잡혀 비참하게 죽는다. 당시 사회 경제적 기득권층을 이루던 유대인들은 애초에 예수에게 김샜다. 가장 큰 이유는 신분과 출신의 무의미함을 언급하며 유대인 순혈주의를 공격한 점이다. 예수는 끝내 순혈주의의 본산인 종교 지도자들과 각을 세운다. 그래서 상당수 유대인은 오늘날에도 하나님의 아들로서 예수를 인정하지 않았다. '하나님의 응답'으로서 수긍하지 않는다는 말과 같다.

침묵이 주는 교훈

하나님이 '부실한 메시아'를 보냈을까? 예수를 보내신 취지가 은혜보다 경고에 방점이 있음을 주목해야 한다. 다시 말해 "이제는 거룩해라. 다시 당부하니 거룩해라"의 마음을 피력하기 위해서였다. 여기서 우리는 하나님의 세 가지 속성을 만날 수 있다. 하나님은 우선 '인내하는 하나님'이다. 포로기 이후로도 비신앙적 태도를 반복하는 이스라엘 백성에게 하나님은 인내했다. 포로 신세에서 벗어났을 때 모두는 빈궁한 상태였다. 하지만 이스라엘은 곧 부자와 가난한 자로 갈렸다. 그리고 틈이 점점 벌어졌다. 마침 이스라엘 백성에게 성전 건축은 가장 큰 과제였다. 이미 하나는 우여곡절 끝에 완공됐다. 하나 더 지어야 할 상황에 이른다. 부자와 가난한 사람 중 누가 더 헌신해야 하겠는가? 당연히 부자일 것이다. 하지만 넉넉한 이들은 큰 관심을 두지 않았다. 그 와중에 자신의 집, 즉 개인적 욕망을 키우기에 바빴다. 하나님은 각종 재난으로 경고했다. 하지만 잠깐의 반성만 있었을 뿐 건축은 지리멸렬했다. 하나님은 징계의 날을 세울 만도 했다. 하지만 포로생활로 인해 아물지 못한 백성의 상처를 보듬는다. 그리고 더 기다리기로 했다.

또한 하나님은 '말씀하는 하나님'이다. 하나님은 침묵에 들어가기 전 〈말라기〉를 통해 이 백성에게 회개와 거듭남을 요구했다. 그러면서 우주 질서의 변화를 장담했다. 무슨 변화일까? 자신의 모습을 드러낸 하나님 앞에서 인간이 거센 심판의 회오리에 휘말리게 되는 변화였다. 바로 서기 힘들 정도의 회오리였다. 이 모든 것은 무엇이든 다 녹일 수 있는 제련사의 불이요, 완전히 새롭게 색 입힐 수 있는 염색공의 잿물로 비유할 수 있다. 결국, 하나님과 인간 사이에 새로운 계약이 맺어질 것이라고 천명한 것이니 변화의 크기가 상상 그 이상임을 말하는 것이다. 그러면서 하나님은 "옛 계약에 준거해 나에게 바치는 제사는 무의미하다"라고 했다. '새로운 제물'로 예배해야만 정성을 받겠다는 것이다. 그렇다면 '새 계약'은 무엇일까? 관계의 재설정을 전제하는 것이다. 하나님과의 관계를 고전적

주종 관계가 아니라 실질적이며 진정성 있는 신뢰 관계로 바꾸는 것, 그러면서 맺는 계약이다. 하나님은 '간음하는 자'를 심판 대상으로 꼽았다. 간음은 애정이 아니다. 정욕의 찌꺼기일 뿐이다. 하나님은 간음이 사람과 사람 사이의 관계에 그치지 않는다고 했다. 하나님과 인간 사이에서도 간음이 형성된다고 했다.

간음이 아닌 신뢰로서 하나님과 인간 사이의 관계가 설정돼야 한다? 이는 무엇을 말하는 것일까? 새 관계는, 즉 새 예배는, 인간과 인간 사이에 평등을 실현하라는 것이다. 공정사회를 깨는 부의 편중 즉 가난한 자에 대한 경제적 억압을 해소하라는 것이었다. 그래서 공정과 평화의 세상을 열라는 것이었다. 그것이 전제되지 않은 예배는 모두 역겹게 여기겠다는 뜻이다. 이는 사실 〈말라기〉에만 나오는 이야기가 아니다. 〈아모스〉에도 〈미가〉에도 발견되는 일관된 하나님의 뜻이다.

이로써 하나님은 '예비하는 하나님'의 속성을 드러낸다. 그런데 인류는 여태까지 하나님의 이런 인내함, 말씀함, 예비함의 속성에 대해 얼마나 관심을 두고 있었던가? 어쩌면 마지막 직설(直說)이라 할 수 있는 이 말씀에 우리는 얼마나 귀 기울였을까? 정리한다. 하나님의 최종적인 마지막 응답은 바로 예수 그리스도였다. 권능과 권세와 영광을 모두 탈착한 하나님의 아들이다.

그렇다. 하나님은 새로운 관계를 원했다. 그래서 우리의 질고를 모두 씻기고자 아들 예수를 보냈다. 그리고 그 예수의 활동과 사역을 통해 가난하고 병들고 힘없는 자들 편에 선 자신의 생각을 명징하게 보여줬다. 이것은 수백 년을 거친 침묵 끝에 나온 하나님의 답이다. 그러나 인간은 예수에게 왜 스스로도 구원 못 하느냐며 비난하더니 끝내 살해했다. 하나님의 아들을 죽인 배반에는 지위고하가 없었다. 로마제국주의자는 물론 유대인 지도자 심지어 예수가 끝까지 편들어준 민중도 예외 없었다. 〈요한계시록〉 한 구절이 우리의 현재 좌표를 말해준다. 병든 상태로. "실상 너는, 네가 비참하고 불쌍하고 가난하고 눈이 멀고 벌거벗은 것을 알지 못한다."(3:17) 그렇다. 우리는 비참하고 불쌍하고 가난하고 눈이 멀고 벌거벗었다. 예수의 손만이 아니라 하나님 마음에 세 번 대못을 박고는 여전히 '복 달라'며 달라붙고 있으니 말이다.

목소리를 들려주지 않는 하나님. 그의 속마음은 비단 '기막힘' 상태에 그치지 않는다. 하나님의 침묵을 다룬 두 편의 소설을 소개한다. 먼저 엔도 슈사쿠의 《침묵》(1966)이다. 17세기 일본이 그리스도인을 무참히 학살하던 그때, 서양에서 온 신부는 예수의 성화 즉 초상화를 발로 밟아야만 신자가 살 수 있다고 압박당했다. 자신의 형제나 다름없던 여러 교우가 죽어나간 뒤였다. 그 극한의 순간, 침묵을 지키던 예수가 "밟아라"라고 말한다. 그래서 눈물을 삭히며 발을 그 얼굴에 댔다. 비로소 예수는 "나도 아프다"라는 말을 들려준다.

또 한 편의 소설을 소개한다. 김은국의 《순교자》(문학동네,

2010)이다. 신 목사는 목사 신분이지만 무신론자다. 그는 이미 오래전부터 하나님의 존재를 부인해왔다. 그런데 자신의 아이가 죽는다. 아이의 엄마인 아내는 숨이 멎은 자식과 천국에서 다시 만날 희망으로 근근이 버티고 있었다. 신 목사는 이때 아내를 강하게 꾸짖는다. "천국이 어디 있나? 하나님은 없다"라며. 아내는 얼마 뒤, 스스로 목숨을 끊는다. 희망이 멎을 때 인간은 더 이상 버틸 수 없다, 신 목사는 절감했다. 그래서 그는 '무신론'의 진심을 감추며 주일 교회당으로 모여든 피난민에게 하나님이 '마지막 희망'임을 설교한다. 신 목사는 인간이 도탄에 빠져 지옥과 다름없는 현실에 놓였음에도 아무 말이 없는 하나님에게 강한 분노와 적개심을 갖고 있었다. 그러니까 그는 역설적으로 유신론자였다. 그렇다. 하나님은 이 국면에서도 철저히 침묵했다. 서로 다른 하나님의 침묵인 듯 보이지만 〈말라기〉 이후인 오늘날까지 하나님은 홍해 바다를 가르던 그 광대한 능력을 조금도 보여주지 않고 있다. 이제 노쇠한 것일까?

하나님은 당신의 존귀하고 위대한 모습을 왜 감췄을까? 그리고 무익하고 무력한 존재로서 연기하고 있을까? 혹시 이것이 저 높은 곳을 지향하지 말고 저 낮은 곳을 지향하라는 무언의 메시지는 아닐까? 네 이웃을 돌보는 것이 곧 나에 대한 예배라고 말하는 것은 아닐까? 서양 신부에게 '나'의 영광을 위해 '인간'의 목숨을 저버리지 말라고 하는 것은 아닐까? 신 목사에게 '나'의 이름을 팔아서라도 '인간'에게 희망을 주라고 당부하는 것은 아닐까? 우리의 예배가 하늘을 향할 때가 아니다. 바닥을 돌볼 때다. 하나님의 직접적인 목소리가 아니라 우리의 행동이 주님의 메시지여야 한다. 하나님은 〈말라기〉 3장 10절에서 십일조를 강조했다. "너희는 온전한 십일조를 창고에 들여 놓아, 내 집에 먹을거리가 넉넉하게 하여라"라고. 십일조 회피 행위를 '도둑질'이라고 규정했다. 이 십일조는 레위인 등 가난한 백성을 돌보는 목적으로 쓰인다. 그렇다. 나눔은 명령이자 계율이다. 우리가 우리의 욕망을 독식하는 동안, 가난한 자와 함께하는 하나님은 그들과 함께 군핍해 있다. 우리는 그 훈계 앞에 그간의 자세를 돌아봐야 하지 않을까?

"하나님은 원래 침묵했던 분이다." "하나님이 구약성서에서 다양하게 개입했다고 하지만 그 기록은 거짓이다." 이렇게 보는 시각이 더 합리적이고 객관적일지 모르겠다. 그러나 성서의 행간에까지 하나님의 교훈이 담겨 있다고 우리가 고백하는 이상, 구약 이후로 지속하는 하나님의 침묵 또한 그 의미를 돌아봐야 한다. 단언컨대 하나님은 침묵을 통해 말하고 있다.

나는 더 이상 욕망 제조기에 불과한 하나님이 아니다, 나는 사람이 세 명 이상 모이면 본능처럼 생기는 '서열'을 아파하는 맨 나중 된 자의 하나님이다. 나의 제자, 나의 자녀를 참칭하는 자들이여, 너희는 누구의 이웃이 되기를 원하는가. "눈을 들어 하늘 보라"가 아니라, "눈을 들어 낮은 곳을 보라." 거기에 내가 있다, 이렇게 말씀한다.

우리 모두 침묵 속에서 주의 교훈을 찾는 백성이 되자.

야훼는 나의 목자, 아쉬울 것 없어라.
푸른 풀밭에 누워 놀게 하시고
물가로 이끌어 쉬게 하시니
지쳤던 이 몸에 생기가 넘친다.
그 이름 목자이시니 인도하시는 길, 언제나 곧은 길이요,
나 비록 음산한 죽음의 골짜기를 지날지라도
내 곁에 주님 계시오니 무서울 것 없어라.
막대기와 지팡이로 인도하시니 걱정할 것 없어라.
원수들 보라는 듯 상을 차려 주시고,
기름부어 내 머리에 발라 주시니, 내 잔이 넘치옵니다.
한평생 은총과 복에 겨워 사는 이 몸,
영원히 주님 집에 거하리이다.

시편 23편, 공동번역

고난받는 이들의 시편 23편

〈시편〉 23편은 참 많은 노래를 만들어냈다. 찬송가 복음성가에 많이 인용되는 성서 구절이라는 점은 그만큼 뭇 신자에게 많은 감동과 은혜를 끼쳤음을 입증한다. 이 구절은 인생 말년에 선 다윗이 자신의 지나온 삶을 회고하며 지은 시로 알려졌다. 개역성경 번역대로 "내게 부족함이 없으리로다" "내 잔이 넘치나이다"라는 고백이 가능하려면 어떤 상태여야 하나? 그 당시 욕망체계로 보자면 일단 부자여야겠고 자식이 많아야 할 테다. 다윗의 말년도 그러했을까? 다윗에게는 여러 자식이 있었는데 아도니아도 그중 하나다. 이 자가 30년 어린 배다른 동생 솔로몬과 암투를 벌인다. 그때 아비인 다윗의 나이 70세였다. 어린아이도 아니고 성인이 된 자녀가 싸우면 부친이 겪는 심적 고통은 짐작컨대 지옥과 닮았을 것이다.

고난당하는 삶에

인생을 보듬어주고 그 삶에 소망을 불어넣어 주는 성서는 어디서 힘을 발휘하나? 부요한 삶에? 아니면 고난당하는 삶에? 후자다. 고난당할 때 더욱 강하게 성서의 훈계가 파고든다.

〈시편〉 23편은 고난 중에 있던 믿음의 선배들을 더욱 굳건하게 만들었다. 2세기 사람, 초대교부 폴리갑의 명성은 자자하다. 그는 마르쿠스 아우렐리우스 로마 황제가 임명한 총독에게 "예수를 부인하기만 하면 살려주겠다"는 제의를 들었다. 폴리갑은 "내 삶을 돌이켜 늘 그분만 섬겨왔는데 어찌 부인할 수 있단 말인가"라며 거부했다. 그리고 화형당한다. 불이 활활 타오르는 가운데 그는 이 〈시편〉 23편을 암송했다고 한다. 신사참배를 반대하다가 옥사한 주기철 목사도 일본 순사에게 고문을 당할 때 〈시편〉 23편을 암송했다고 한다. 각종 설교 예화에서 소개하는 일화다.

오늘날 화형이나 고문당하는 일은 많지 않다. 하지만 그에 못지않게 인간에게 닥쳐오는 고난은 다각도로, 고차원적으로, 눈에 안 보이게 한 인생을 포위하고 고립시킨다. 이 상황에 놓여 〈시편〉 23편을 암송하는 이들은, 모두가 나를 외면하고 저주하며 혐오해도 유일하게 한 분 하나님만이 내 편에 서줌을 알게 된다. 세상 어느 누구도 나의 편이 아니지만 하나님만은 내 곁에 있다는 것이다. 기독교인에게나 느껴질 심리적 엑스터시로 가늠되는가? 그렇지 않다. 스스로 무신론자라고 했던 정연주 전 KBS 사장의 이야기를 들어보자.

〈동아일보〉 자유언론수호투쟁을 벌이던 1975년 해직될 당시, 정연주는 막내 기수였다. 그는 한겨레에 입사해 정년을 마친 뒤 참여정부 들어 2013년 KBS 사장으로 임명된다. 노무현 대통령 후보를 심정적으로 지지했을지 몰라도 그는 〈한겨레〉 재직 당시 언론인 신분으로 특정 대통령 후보의 당선을 돕기 위해 선거운동을 하지 않았다. 그런데도 꼬리표처럼 달린 '코드인사'라는 오명은 한나라당 〈조선일보〉 등 수구세력이 지은 흑색선전의 산물이었다. 이 가공된 '흠결'은 5년 내내 정연주를 괴롭혔다. 수구세력은 '올곧은 언론인' 정연주가 KBS 사장이 되자 심각한 위협으로 여겼다. 창사 이래 적폐집단의 애완견으로 무럭무럭 크던 KBS가 돌연 자기를 물어뜯는 도사견이 됐으니 말이다. 돌이켜보자. 박정희가 1961년 5월 16일 쿠데타를 일으키고 제일 먼저 점령한 곳이 KBS였듯, 이명박은 2008년 집권 직후 임기가 남은 사장(정연주)을 무도하게 내쫓으면서 점령한 곳도 KBS였다. (흠결이라고도 볼 수 없을 작은 구실을 들어 정연주를 범죄자로 몰았으니 '무도하다'라는 표현은 과하지 않다.)

KBS 역사에서 정연주 사장 대의 시청률, 영향력, 신뢰도는 다른 사장의 것이 감히 따라올 수 없을 정도로 찬연했지만 그건 수구세력에게 무시됐다. 낡은 세력이야 그렇다 치고, 사내 노동조합까지 나서서 사장 정연주를 공격했다. (훗날 그 노조는 전국언론노조를 탈퇴했고, 이를 주도한 노조위원장은 이명박 집권기

사내에서 승승장구했다.) 끝내 정연주는 고립무원 상태가 됐다. 더 더러운 꼴 보지 않으려면 그만두는 게 상책이었다. 하지만 정연주는 온갖 모욕과 핍박, 인신공격을 당하면서도 이를 회피하지 않고, '해임'이라는 강제수단으로 저들이 자신을 쫓아낼 때까지 버텼다. (나중에 확인된 것이지만 이명박 정권은 정연주를 쫓아내려고 국가정보원 등을 동원해 없는 죄를 만들어 음해했다.) 이 고난을 견디는 것, 자신에게 부여된 역사적·사회적 책무였다고 판단했다. KBS 주변에는 그의 생애 전체를 부정하는 비방 모략성 만장이 붙었고, 심지어 노무현 대통령 집권기 여당이던 민주당이나 진보언론 또한 그의 편이 아니었다. 혼자 감당할 수밖에 없던 고초였다.

집권자 이명박은 KBS 이사장 이하 이사를 자기 파벌이 다수가 되게끔 개편했다. 이 권력의 끄나풀들은 인정사정 봐주지 않고 정연주를 몰아세웠다. 문장은 다 달라도 뜻은 이것이었다. "나가라." 그때마다 정연주는 고개 숙여 수첩에 적힌 글을 봤다고 한다. 그 글은 바로 〈시편〉 23편이었다.

여담이지만, 자신을 무신론자라고 밝힌 정연주 전 KBS 사장은 박정희 사후인 1979년 12월 2일자 향린교회 주보에 인쇄된 '정연주 교우의 출감 소식'으로써 '한때 교인'임을 인증했다. 유신 독재 정권기에 '보도되지 않은 민주 인권사건 일지'를 공표했다가 1978년 이래 수감됐던 정 전 사장. 인생의 극한에 섰을 때, 그래서 살기보다 죽는 게 더 나은 상황에서 그가 마지막 희망의 끈으로 〈시편〉 23편을 붙잡았다.

죽음의 골짜기를 지나도

나 비록 음산한 죽음의 골짜기를 지날지라도
내 곁에 주님 계시오니 무서울 것 없어라.
막대기와 지팡이로 인도하시니 걱정할 것 없어라.

_시편 23:4, 공동번역

공동번역 성서를 인용해본다. 번역자는 문익환 목사. 그렇다.
우리가 아는 늦봄 할아버지, 그다. 문 목사의 생은 어떠했나?
권력은 포악해지고, 민중이 숨죽일 때, 그는 고난을 무릅쓰고
민주주의를 외쳤다.

문익환은 1975년 〈시편〉을 포함한 공동성서번역 작업을
마친다. 그런데 1975년 8월 17일 박정희 유신독재정권 반대
운동에 핵심이던 죽마고우 장준하가 의문의 죽음을 당한다.
사인을 가릴 증거 따위는 필요 없었다. 박정희가 사람 써서 죽
인 것이 확실하기 때문에. 문익환은 이때, 장준하가 가려다가
멈춘 삶을 이어가겠노라 다짐한다. 환갑 코앞에서의 감옥행이
그런 의미에서 놀랍거나 황당한 일이 아니었다. 하지만 장준
하처럼 비극적 최후를 맞을 수도 있겠다는 걱정은 전혀 안했
을까? 하지만 이마저도 감수하겠다고 스스로 다짐한 것 같다.
장준하 3주기에 쓴 추모의 시를 보자. 절대 굽히지 않겠다는
의지가 읽힌다.

우리는 네 앞에서 눈물을 흘리며 / 부끄러운 부끄러운 눈물을 펑펑 쏟으며 / 하나 되리라 // 네 마음으로 네 사랑으로 / 하나 되어 죽으리라 // 부나비처럼 불 속에 뛰어들어 / 너를 얼싸안고 / 신나게 춤추며 죽으리라 // 어둠과 탐욕을 비웃어 주면서 / 통일 조국을 목이 터지게 노래하면서

감옥은 본디 고립과 억압의 공간이지만 문익환은 이곳을 투쟁의 전의를 다지는 진지로 삼았다. 문익환만 그런가? 바울이 그랬고 〈요한계시록〉을 쓴 밧모섬의 요한도 그러했다. 그들에게 감옥이 없었다면 그 위대한 저술은 기독교 역사에 없었을 것이다. 그렇다고 감옥에서 결기로만 살 수 있을까? 좁은 공간 안에서 압박해오는 고독과 소외감은 사람을 하루에도 열 번 이상 천당과 지옥을 오가게 한다. 다녀온 사람들의 증언이 그렇다. 사람은 본디 함께하는 누군가가 있어야 생존할 수 있도록 설계되어 있다. 그래서 고독을 즐기는 수감자도 한동안 독방에 머물다가 여러 사람이 함께 사는 혼거방으로 옮긴다고 한다.

감옥에서 문익환은 자신이 번역한 〈시편〉 23편을 읽으며 고난을 이겨냈을 것이다. 왜냐. 특별했기 때문이다. 1992년 1월 안동교도소에서 문익환 목사가 보낸 편지에는 이런 내용이 있다. "성서에도 염불용이 될 만한 것이 많이 있습니다. (중략) 〈시편〉 1편, 〈시편〉 23편, 〈고린도전서〉 13장도 염불용으로 좋은 것들이라고 생각됩니다. 이런 것은 염불이라기보다는

독경이 되는 건가요? 목탁을 배우고 싶은 마음 간절합니다. 잠든 영혼을 깨우면서 영혼에 울리게 염불하고 독경하는 거, 이게 얼마나 좋은지요." 그에게 있어 〈시편〉 23편은 잠든 영혼을 깨우는 힘이 됐다.

인생은 아름답고

2009년 우리 곁을 떠난 김대중 전 대통령의 돌아가시던 그해 일기에는 이런 내용이 있다.

2009년 1월 14일
인생은 얼마만큼 오래 살았느냐가 문제가 아니다. 얼마만큼 의미 있고 가치 있게 살았느냐가 문제다. 그것은 얼마만큼 이웃을 위해서 그것도 고통받고 어려움에 처한 사람들을 위해 살았느냐가 문제다.

2009년 1월 15일
긴 인생이었다. 나는 일생을 예수님의 눌린 자들을 위해 헌신하라는 교훈을 받들고 살아왔다. 납치, 사형 언도, 투옥, 감시, 도청 등 수없는 박해 속에서도 역사와 국민을 믿고 살아왔다. 앞으로도 생이 있는 한, 길을 갈 것이다.

김대중 전 대통령의 삶이 이러했다. 훗날 유언이 된 그의 일기 중 이런 문장이 있었다. "인생은 아름답고 역사는 발전한다." 이는 2009년 1월 7일에 기록된 것이었다. 그러나 이후에 용산에서 철거민이 불에 타 숨지고, 노무현 전 대통령이 세상을 떠나며, 이명박 씨가 국가기관을 동원해 총선과 대선에서 불의한 승리를 거두고, 유신 공주 박근혜 씨가 집권하며, 세월호 참사, 백남기 농민 사망이라는 비극이 발생했다. 우리 사회는 이 절망적 현실에 몸서리쳤다. 참지식인으로 통하는 한완상 서울대학교 명예교수는 2013년초 '박근혜 당선인' 시절, 사석에서 "우리가 얼마나 잘못했기에 한 번의 삶에서 두 번이나 유신을 만나는가"라고 탄식했다. 하지만 선택지는 없었다. 적지 않은 수의 민중은 당시 김 전 대통령의 말 "인생은 아름답고 역사는 발전한다"에 의지하며 얼음왕국의 시대를 버텨나갔다.

그런데 촛불혁명이 발생했다. 김대중 전 대통령 유언이 실현된 것이다. 놀라운 통찰이었다. 인생 말년에 쓴 다윗의 〈시편〉 23편과 김대중 전 대통령의 메시지 "인생은 아름답고 역사는 발전한다"와 묘하게 서로 연결됐다는 느낌은 나만의 것일까? 공교롭게도 국립현충원에 안장된 김대중 대통령 묘 앞면에는 〈시편〉 23편 6절(개역한글)이 새겨져 있다. "나의 평생에 선하심과 인자하심이 정녕 나를 따르리니 내가 여호와의 집에 영원히 거하리로다"

그렇다. 〈시편〉 23편의 말씀을 가슴 속에 되뇌고 또 되뇌면 우리는 어떤 고난 속에서도 한평생 은총과 복에 겨워 사는 자신을 발견하게 될 것이다. 혹시 훌륭하고 반듯하게 살았던 분들에게나 〈시편〉 23편으로 위로 얻을 자격이 부여되지 않느냐고 물을지 모른다. 아니다. 〈시편〉 23편은 살아 숨을 쉬는 모든 이를 향한 하나님의 선물이다. 돌이키지 않아서 그렇지, 악인도 이 말씀의 지배력 안에 있다. 그런데 악인은 〈시편〉 23편을 찾지 않는다. 하나님이 곧 자신이 돼버린 터라 그렇다. 위로는 찾아가는 서비스가 아니다. 갈급해야만 얻는다.

고난 중 하나님에게 내 몸을 맡길 때 〈시편〉 23편의 감동이 생동한다. 스스로 비루하게 살아온 것에 못 견뎌 절대자에게 의존하고 싶은 사람이 있는가? 〈시편〉 23편을 나의 고백으로 삼아 하나님 앞에 마음의 짐을 모두 내어놓자. 그리고 이 성서가 이루어갈 역사를 신뢰하고 기다리자. 의와 진리의 편에 서게 되는 자신이 어떻게 하나님의 손과 발이 되는지 체험해 볼 수 있을 것이다.

시편 23편을 나의 언어로

다윗의 삶은 악인에 다름 아니다. 부하의 아내를 가로채고자, 그 부하를 도저히 이길 수 없는 전장으로 보내 전사하게 했다. 토지정의운동을 벌이는 남기업 선생이 페이스북에서 짚은 것이기도 하다.

〈사무엘하〉 8장을 보면, 다윗이 사해 동쪽의 모압 족속을 쳐서 정복했는데 포로들을 땅바닥에 한 줄로 뉘어 놓고 죽일 놈, 살릴 놈 나눈 다음 죽일 놈을 상대로 살육을 벌였다고 한다. 그 백성의 3분의 1만을 살아남게 했다는 것이다. 이런 악질적인 살인마를 어떻게 성서의 주인공, 또 예수의 조상이라 자랑스럽게 말할 수 있는가.

성서에서 납득하기 힘든 부분을 종종 만난다. 하나님이 민간인 학살을 지시했다는 기록이 그렇다. 이는 도킨스 부류의 작가로 하여금 기독교를 토대부터 나쁜 종교로 단정하게 하는 근거가 된다. 하지만 이 기록은 성서 기자가 민간인 학살을 미화하고 정당화하기 위해 하나님을 억지로 끌어들였다고 보는 게 맞을 것 같다. 그 기록이 작성된 이후로 이스라엘의 역사는 비탈길로 접어들었으니까. 남기업 선생은 캐노시스영성원의 강인태 목사가 쓴《하비루의 길》《죄인의 길》《비움의 길》과 또 다른 저작을 읽게 됐는데, 다윗의 승전 기록이 놀랍게 이스라엘 전쟁승리사가 아니라 망국사라고 소개한 부분에서 무릎을 쳤다고 말했다. "이런 짓거리를 하다가 이스라엘이 망했다"라는 교훈을 담은 기록이란 것이다.

하나님은 의와 진리에 어긋나는 역사를 애써 정당화하는 존재가 아니다. 물론 그런 악을 행하는 사람에게도 회개의 기회를 주고 회생의 소망을 준다. 하물며 건강한 세상을 꿈꾸고 사랑하고 섬기기에 힘쓰는 이에게는 오죽 하겠는가. 선한 일을 하다가 난관을 만나면 〈시편〉 23편과 마주하고 이를 나의 언어로 바꾸자. 그리고 새로워질 인생, 용기 충만한 인생을 만끽하자.

40년간 목사로 활동한 아버지에게 여쭤봤다. 고난의 인생사를 토로해오는 교우가 있었는지, 그렇다면 어떻게 답했는지. 아버지는, 요컨대 자녀의 망나니짓에 속앓이하던 한 교우의 사례를 들었다. 아버지는 "질풍노도 시기에 그럴 수 있다." "따끔하게 야단을 치긴 해야 한다." "다만 어려서 방황하면 나이 들어 바로잡히게 되니 너무 놀라거나 낙심하지 말라"라고 조언했다. 요즘 개념화된 '지랄 총량의 법칙'을 이미 수십 년 전에 설파한 나의 아버지다. 이 같은 위로에도 불구하고 이 교우는 '식도가 녹는 고통'을 호소했다고 한다. 문제 자녀만 생각하면 자다가도 벌떡 일어난다는 것이다. 아버지는 "그때마다 〈시편〉 23편을 암송하며 자녀를 위해 기도하라"고 했다.

수십 년이 지났다. 그 '망나니짓'의 주인공은 현재 독실한 신앙인으로 살고 있다는 후문이다. 믿음 좋은 아내를 만난 게 계기였는데 지금은 안수집사로서 부모에게 효도하고 이웃에게 선한 일을 많이 베푼다고 들었다. 천사가 흠모할 인생이 따로 있나. 말은 씨가 된다. 내 아버지의 조언이 씨가 됐고, 아버지가 외우라고 한 〈시편〉 23편 말씀 또한 씨가 됐다. 주의 선하심과 인지하심을 알고 느끼는 은혜는 '구하는 사람'의 몫이다. 차별과 혐오의 대상이 돼 몸서리치는 이웃들에게 권한다. 〈시편〉 23편을 통해 조건 없이 내 벗이 되고자 하는 하나님을 만나시라고. 그의 뜻을 따라 그와 편먹어 세상을 이기라고.

나는 새 하늘과 새 땅을 보았습니다.
이전의 하늘과 이전의 땅이 사라지고,
바다도 없어졌습니다.
나는 또 거룩한 도성 새 예루살렘이,
남편을 위하여 단장한 신부와 같이 차리고,
하나님께로부터 하늘에서 내려오는 것을 보았습니다.
그 때에 나는 보좌에서
큰 음성이 울려 나오는 것을 들었습니다.
"보아라, 하나님의 집이 사람들 가운데 있다.
하나님이 그들과 함께 계실 것이요,
그들은 하나님의 백성이 될 것이다.
하나님이 친히 그들과 함께 계시고,
그들의 눈에서 모든 눈물을 닦아 주실 것이니,
다시는 죽음이 없고,
슬픔도 울부짖음도 고통도 없을 것이다.
이전 것들이 다 사라져 버렸기 때문이다."

요한계시록 21장 1-4절

가짜 종말론 버리고 새 종말론 받자

가장 난해하고 가장 논쟁적인 〈요한계시록〉을 살펴려고 한다. 설교자 사이에서 〈요한계시록〉은 웬만하면 '스킵'해야 본전인 성서로 정평 나 있다. 〈요한계시록〉은 사실 과거에도 찬밥 신세였다. 동방정교회는 성서로서 인정조차 않는다. 종교개혁자 루터에게는 '이게 과연 가치가 있는 성서인가'라며 폄하당했다.

시한부 종말론이라는 사이비

성경 구절을 한 자 한 자 귀하게 받드는 한국의 풍토에서 〈요한계시록〉은 무수한 이단을 낳았다. 상징과 기호가 난무한 이 말씀에 과연 어떤 의미가 서려 있나 과도하게 몰입하고 해석하다가 벌어진 사달이다.

1992년 10월 28일 그날에 휴거가 일어난다고 다미선교회라는 사이비 단체가 야단법석을 피웠다. 철석같이 믿던 사람들, 직장인은 사표 내고, 학생은 학업을 중단했으며, 가족 간 견해차를 못 견딘 이는 가출도 마다하지 않았다. 이 종말론은 왜 틀렸는가. 〈요한계시록〉만이 아니라 노스트라다무스 등의 예언을 뒤섞었기 때문이다. 지금 돌이켜보면 어처구니없다. 왜 성경에 기독교와 무관한 노스트라다무스의 주장을 섞는가?

시한부 종말론은 곱씹을수록 기만성이 농후하다. 종교 지도자라면 교인에게 건강한 일상을 일구어 사회 공동체에 이바지하라고 가르쳐야 한다. 그러나 시한부 종말론은 이에 역행한다. 지구상에서 벌어지는 온갖 사회적 불의에 대해 "조금만 참아, 세상은 본디 악해, 주님이 곧 오실 것이야." 이러면서 방조하게 만든다. 예컨대 오는 12월 31일로 지구가 멸망한다고 믿는다면 우리가 일손을 잡을 수 있겠나? 재림주가 불시에 다시 올 줄 믿고, 그때까지 성실과 진심의 마일리지를 쌓으면 된다. 그렇지 않으면 악한 사람이 달란트를 땅에 묻듯 모든 일상을 유보하게 된다. "유보된 정의(delayed justice)는 정의가 아니다"라는 말이 있다.

조용기 여의도순복음교회 원로목사는 이런 점에서 회개해야 한다. 지금 인터넷에서 돌고 있는 동영상에는 그가 시한부 종말론자임을 명징하게 일러준다. 진중권 동양대 교수가 요약한 조 목사 종말론 설교는 이렇다.

"주님은 한 세대 후에 오신다고 했습니다. 이스라엘의 한 세대는 1998년도면 한 세대가 되는 것이니, 한 2000년쯤이면 한 세대가 다 지나가버리고 마는 것입니다. 지금이 84년도이므로 역시 16년 이후가 되면 이 세상 6천 년 역사가 끝날 수밖에 없는 것입니다."

이렇듯 그는 2000년 예수 재림을 예견했다. 그런데 2000년은 무사히 지나갔다. 하지만 조용기 목사는 "(남들이 자신을) 시한부 종말론자라 정죄한다"라고 억울해한다. 성경을 그대로 가르쳤을 뿐인데, 그게 왜 죄가 되느냐는 항변한 것이다. 그러면서 나중에는 시한부 종말론자라면, 몇 월 몇 날 몇 시에 종말이 온다고 해야 할 텐데, 자기는 일시를 특정한 적이 없다고 말한다. 다만 몇 년이라고 이야기했는데, 이는 시한부 종말론이 아니라는 설명이다. 손바닥으로 하늘 가리는 참 편리한 주장이다.

말세란 무엇인가

종말론을 다룬 〈요한계시록〉은 그렇다면 말세를 어떻게 정의하는가. 과연 1999년 12월 31일을 '지구 종말의 날'로 지목했을까. 〈요한계시록〉의 맥락 즉 콘텍스트를 알아야 한다.

〈요한계시록〉을 쓴 사람은 밧모섬 감옥에 갇힌 요한으로 알려졌다. 그렇다면 이 사람은 통설대로 〈요한복음〉의 저자이

기도 한 사도 요한일까. 그런데 당시 요한이란 이름은 '김철수' 처럼 흔했다. 동명이인일 수 있다는 뜻이다. 실제 많은 성서신학자는 동명동인일 것이라는 전통적 해석에 반하는 동명이인설에 동조한다.

요한이 갇힌 밧모섬이 로마제국 시대 종교범 또는 정치범의 유배지였다는 점에 주목하자. (기록자 요한은 종교범이었던 것 같다.) 〈요한계시록〉은 18개월 동안 밧모섬에서 지내며 하나님의 계시를 받아 기록한 것으로 알려져 있는데 에베소를 비롯한 소아시아 일곱 교회에게 보내는 편지의 형식을 띄고 있다. 이들 교회는 요한의 걱정거리였다. 로마 황제가 우상시되던 때, 교회마저 분별없이 세속 권력에 지배받고 있었기 때문이다. 그래서 '우리 신앙 변치 말자'라는 메시지가 이 편지의 뼈대를 이루고 있다.

새 시대의 시작을 알리는

'종말론' 하면 곧잘 지구 멸망을 연상하게 된다. 핀트가 어긋났다. 이는 악한 시대가 끝나고 새 시대가 열리는 것임을 알리는 것이다. 정의를 좇은 사람이 악과의 각축을 끝내고 마침내 승리하는 것, 이것이 종말론이다.

임박한 패전 상황에서도 5.18 광주 시민군이 끝까지 전남도청을 사수할 수 있었던 것은 '우리가 죽어 그 피가 땅에 스며들면 훗날 민주화의 열매로 부활할 것'이라는 믿음이 생동했기 때문이다. 고난 뒤에 찾아오는 영광, 그런데 이것은 〈요한계시록〉 종말론의 골간이기도 하다. 곧 부활 신앙이다. 〈요한계시록〉이 말한 종말론은 (쓰인 시기로부터) 1900년 뒤 지구 멸망을 예언한 것이 아니라, 로마제국 압제 속에서 고통받는 교회 공동체, 민중 공동체의 회복과 치유를 약속하는 것이었다. 이 얼마나 무서운 신념인가.

　여담이지만 밧모섬은 지중해 망망대해에 자리한다. 탈출해봐야 소용없다. (캘리포니아 샌프란시스코 앞바다 한가운데 있는 섬 앨커트래즈가 연상됐다. 들어가 본 것은 아니지만 인근 금문교에서 본 적 있다. 이 섬은 망망대해 한 가운데 있지는 않았다. 그래서 선수급 수영 실력을 갖춘 죄수라면 이 섬에서 탈출해 도망할 수 있겠다고 생각했다. 그런데 그 섬 주변에 식인상어 떼가 득실득실한다는 전언이다.) 밧모섬에 몸이 묶인다? 이것은 가공할 형벌이었다.

　요한은 로마제국이 무너지는 꿈, 민중이 이기는 꿈, 그 꿈을 품었을 것이다. 그렇다. 독재가 또 제국주의가 가장 싫어하는 것은 '꿈'이다. 불의한 권력은 꿈 없이 기계 부속품처럼 사는 백성을 편하게 여긴다. '꿈'의 요체인 문화 예술작품을 집요하게 감시하고 탄압하거나, 저속하다느니 사회 질서를 교란한다느니 하는 말로 '저질' 낙인을 박는다. 그런 의미에서 표현의 자유는 말할 것도 없고, B급 문화 실험까지 가능했던 김대중 노무현 정부 당시를 떠올려보라. 엄숙주의에 지배됐던 권위주의 시대와 얼마나 대조되는지.

이병학 전 한신대 신학과 교수가 낸 책이 있다.《약자를 위한 예배와 저항의 책, 요한계시록》(새물결플러스, 2016). 종말론에 관심이 깊어 7년 대환란이니 휴거니 하며 〈요한계시록〉에 몰두하는 이들에게 추천한다. 이 책은 〈요한계시록〉을 완전히 새로운 관점으로 읽게 도와준다. 이병학 교수는 〈요한계시록〉이 '현재 중심적인 책'임을 밝힌다. "하나님의 심판과 어린 양의 진노를 통해 폭력으로 점철된 역사가 종식되고, 대안적 세계가 시작한다는 꿈과 희망이 가득하다. 〈요한계시록〉은 그런 꿈과 희망에 기뻐하며, 그것을 노래하는 매우 아름다운 예배의 책"이라고 말하고 있다. 즉 꿈꾸는 자의 이야기라고 정의한다.

요한이 여러 교회에 편지를 보낼 당시 즉 계시록을 쓸 당시는 '팍스 로마나'라는 표현이 그러하듯 로마제국이 군사적 패권을 쥐고 전 세계를 호령하던 시기였다. 제국의 운영원리가 대개 그러하지만 '이쯤이면 됐으니 전쟁 그만하고 조공을 덜걷자'라고 나오는 순간, 그 패권에 금이 간다. 맹위를 떨쳐야 할 황제의 위엄은 손상을 입고 '공백 상태'의 권력을 쟁탈하기 위한 내분이 발생한다. 그래서 더 전쟁하고 더 수탈해야 하는 것은 제국의 운명이다.

'일곱 머리와 열 뿔을 가지고 바다에서 나오는 짐승'의 징표 666은 또한 무엇일까? 고대인들은 그리스어나 히브리어의 알파벳 문자에 숫자 값을 부여한다고 한다. 이를 게마트리아

(gematria)라고 표현하는데, 이 방식에 따라 '네로 황제'의 이름을 넣어보니 666이 된다고 했다. 그렇다면 그 흉측한 짐승은 제국주의를 은유하는 것이다.

그럼에도 666은 갖은 억측을 양산해냈다. 무함마드나 적그리스도를 지목하기도 하고, 교황과 루터가 서로가 서로의 숫자라며 비난하는가 하면, 히틀러 김정일을 상징한다는 주장이 난무했다. 해석은 자유다. 그러나 〈요한계시록〉을 기록될 당시의 상황과 맥락을 짚고 난 뒤에 해야 할 일 아닌가? 계시록을 읽고도 제국주의에 대한 분노가 없는가? 잘못 읽고 있는 것이다.

앞서 이야기했듯 소아시아교회는 로마에 굴복했다. 권력과 돈에 지배당한 것이다. 오늘날 교회가 〈요한계시록〉을 통해 얻어야 할 것은 '로마황제에게 무릎 꿇고 복종하던 그 소아시아교회와 지금의 우리는 과연 다를까' 하는 성찰이다. '로마제국과 비교하는 것은 과잉이요 억지'라고 말하는 이들이 있을까? 국경 넘어까지 지배력을 행사하던 로마제국 패권은 그때에 국한된 위력일까? 천만에! 지금 군사 정치적 제국은 다국적기업, 글로벌 재벌의 옷으로 갈아입었다. 권력 위의 권력, 집약되고 독점된 이래 자본은 한 번도 권력 공백기를 가진 적이 없다.

이병학 교수는 가진 자에 대한 우상숭배를 거부하고 약자의 생명을 돌보는, 즉 하나님에게만 충성하는 참된 예배를 드려야 한다고 주장한다.

새 하늘과 새 땅, 그 소망의 좌표

이 장의 주제 본문은 〈요한계시록〉의 마지막 22장에 한 장 앞선 21장이다. 이 장에서는 새 하늘과 새 땅을 이야기한다. 우리는 새 하늘 새 땅의 꿈을 가져야 한다.

21장 1절, 요한은 꿈을 꿨다. 새 하늘과 새 땅을. 이병학 교수는 그곳을 "억압과 불의에 의해 오염된 세계, 성도와 약자가 소외되고 차별당하고 심지어 죽임을 당하는 세계"를 지워버린 세상이라고 했다. 1절에는 바다가 사라졌다고 했다. 바다란 무엇인가. "무서운 짐승이 출몰하거나 사탄이 감금된 혼돈"의 공간이다. 이것이 사라진 세상. 곧 억압과 불의가 사라지고, 약자의 소외와 차별, 죽음이 사라진 세상이다. 결정적인 말씀이 3절에 있다. "보아라, 하나님의 집이 사람들 가운데 있다. 하나님이 그들과 함께 계실 것이요." 그렇다. 새 하늘 새 땅은 하늘만이 아니라 땅에도 있다. 하나님은 그렇게 친애하는 땅의 거민들과 함께하기 위해 당신의 지배 영역을 하늘에서 땅으로 확장했다. 그리고 지금껏 우리와 공존하고 있다.

그렇다. 차별과 억압이 사라진 새 땅에서 주님은 우리와 함께 산다고 했다. 그러나 세상에 아무 희망이 없으니 여기와는 벽 쌓고 믿는 우리끼리만 천국 바라보며 소망을 품고 살자, 그리고 세상의 불의와 부조리는 외면하고 오로지 피안의 세계, 천국만 지향하자, 이런 생각이 만연하다. 그렇다면 〈요한계시록〉을 다시 들여다봐야 한다. 새 하늘과 새 땅은 어느 날 갑자기 짠 하고 나타나는 게 아니라, 그 세상을 소망하는 이들이 일구어 완성하는 것이다.

하나님은 '죽음 없는 세상'을 가르쳤다. '죽음이 없다' 함은 사망 권세가 억눌리고 생명이 생동하는 세상, 곧 다 함께 행복한 세상일 것이다. '같이 살자'라는 구호가 노동자가 억압받는 현장으로부터 불거져 나와 온 세상에 공명되고 있다. 그 '같이 살자'의 꿈이 실현돼, 생의 소망이 확대돼 간다면 그곳은 〈요한계시록〉이 현시한 새 하늘 새 땅일 것이다.

그런데 주님의 한 천사가 그들에게 나타나고,
주님의 영광이 그들을 두루 비추니, 그들은 몹시 두려워하였다.
천사가 그들에게 말하였다.
"두려워하지 말아라. 나는 온 백성에게
큰 기쁨이 될 소식을 너희에게 전하여 준다.
오늘 다윗의 동네에서 너희에게 구주가 나셨으니,
그는 곧 그리스도 주님이시다.
너희는 한 갓난아기가 포대기에 싸여,
구유에 뉘어 있는 것을 볼 터인데,
이것이 너희에게 주는 표징이다."
갑자기 그 천사와 더불어 많은 하늘 군대가 나타나서,
하나님을 찬양하여 말하였다.
"더없이 높은 곳에서는 하나님께 영광이요,
땅에서는 주님께서 좋아하시는 사람들에게 평화로다."

누가복음 2장 9~14절

예수는 왜 마구간에 오셨는가

'임마누엘'은 성서가 풀이한 대로 "하나님이 우리와 함께 계신다"라는 뜻이다. 노아, 아브라함 등과는 흡사 인터넷 채팅하듯 격의 없이 소통하신 하나님은, 예언자 시대에는 예언자를 통해 말씀하셨다. 이때는 "하나님"이라고 호출하면 바로 등장하셨으니, 예언자의 일상은 곧 임마누엘이었다.

그런데 하박국 선지자를 끝으로 직접이든 간접이든 하나님의 메시지 하사는 뚝 끊겼다. (물론 하나님과 누군가가 소통했다는 기록 자체를 신화로 보는 이들이 있다. 요컨대 지어낸 이야기로 말이다. 특히 이들 사화[史話]가 하나님이 유대인과만 대화했다는 점을 강조하며, 이를 그들만의 '선민의식'을 정당화하려는 시도로도 풀이한다. 그런데 주목할 지점이 있다. 하나님과 소통하던 성서 속 주인공은 대개, 가난하고 허약했다. 그렇다면 하나님의 메시지가 왜

이 시점에서 부재한지도 짐작된다. 천하를 호령하는 강자가 돼 있는, 또 그것을 추구하는 기독교회의 현주소에서 하나님은 불필요한 존재인 것이다.)

'임마누엘' 해야 할 하나님은 실종된 것이다. 하지만 600여 년 뒤, 마지막 말씀을 보낸다. 그것은 다름 아닌 예수 그리스도다.

그리스도를 기다리는

12월 첫 주부터는 대강절이다. 더러는 대림절이라고도 한다. 여기서 '대'(待)는 '기다린다'를 뜻한다. 이 시기는 그리스도의 임재를 기대하며 그를 맞이하기 위해 마음을 가다듬어야 한다. 그렇다면 우리는 잃어버리고 지배당하는 자의 감수성을 안고 이 시기를 지내야 마땅하다. 성탄절에 선행 베푸는 전통은 이런 정신에서 나온 것은 아닐까?

성탄절이면 왠지 모르게 들뜬다. 기뻐할 일, 즐거워할 일 없는 세상에서 각박한 일상을 꾸려가는 현대인에게, 잠시나마 심리적 위안을 품게 한다면 성탄절은 그 자체로도 의미가 있다. 그러나 예수 그리스도가 만나러 오신 분은 또 전하고자 하시는 메시지는, 다른 누구도 아닌 마음이 가난한 자다. 절망의 늪에 빠져서 크리스마스 시즌이 전혀 가슴에 와닿지 않는 사람이다. 마음의 짐이 무거워 크리스마스이고 뭐고 간에 아무엇도 안 보이는 사람들, 그들이다. 혹시 그러한 사람이 있는가? 성탄의 주인공이 되셨다. 축하한다.

> 그리하여 마리아가 말하였다. "내 영혼이 주님을 찬양하며 내 마음이 내 구주 하나님을 좋아함은, 그가 이 여종의 비천함을 보살펴 주셨기 때문입니다. 이제부터는 모든 세대가 나를 행복하다 할 것입니다.
> _누가복음 1:46-48

하나님은 '비천(卑賤)'한(누가복음 1:48) 처녀 마리아의 태를 통해 당신의 아들을 세상에 보냈다. (여기서 비천은 사회경제적 차원의 빈곤 상태를 뜻한다.) 나는 여기에 성 해방의 가치가 숨어 있다고 본다. 여자 마리아가 없었다면 예수도 없었다. 지배적 지위의 남자가 아니라 낮은 신분의 여자를 통해 당신의 아들을 보낸 것이다. 사람의 귀천 따지는 더럽고 아니꼬운 세상의 고착된 질서를 흔들겠다는 하나님의 강력한 의지는 이렇게 초장부터 상상과 범례를 파괴했다.

그렇다면 〈마태복음〉이 삐딱하게 보인다. 〈마태복음〉 저자는, 예수가 다윗의 자손임을 알리고자 족보를 늘어놓고, 단성생식 즉 남자와의 성관계 없이 잉태했다고 주장한다. 예수가 여타 인생들과 달리 비범하고 차별된 분임을 강조하고 싶었던 모양이다. 쓸데없는 짓이라고 생각한다. 나는 하나님의 아들이 다윗의 자손이 아니라 상놈의 자식이라도 또 단성생식이 아니라 요셉과의 속도위반에 의한 잉태라도 전혀 실망하지 않는다. 가난하고 비루한 백성의 가문에서 태어난 것을 부끄러워하는 것은 인간 아닌가? 하나님은 예수가 천한 사람들 사이에서 태어나 그들과 어우러지는 삶을 살기를 바랐다. 그러니 마구간에서 생의 첫 순간을 맞이하게 했던 것 아닌가?

그런데 묻겠다. 성서의 이런 기록, 실화라고 보는가? 합리적 의심으로는 '지어낸 이야기'라는 세속적 견해가 있지만, 성경의 가르침을 존중해야 한다는 신자의 입장도 있다. 극심한 시각차다.

신약성서 대부분은 그리스어 즉 헬라어로 쓰였다. 그리스 전통에서 초자연적 탄생설화는 예수의 경우 말고도 허다하다. 게다가 가장 먼저 쓰인 복음서 〈마가복음〉과 그보다 앞서 예수를 그리스도로 묘사한 바울서신에서도 탄생설화는 없었다. 그래서 이 이야기에서 우리는 신묘막측한 탄생 과정보다는 어떤 목적과 이유로 하나님의 '마지막 말씀'이 비천한 사람이 모여 사는 공동체에 도달했는지를 돌아봐야 한다.

아주 작은 어린양 한 마리를 애태우며 찾으시는 하나님
보잘것없는 과부의 헌금을 넉넉히 받으시는 하나님
강물 따라 버려진 한 아이를 지도자로 삼으시는 하나님
일꾼들이 쓰다 남은 버린 돌로 머릿돌을 삼으시는 하나님
가장 낮은 이들을 하늘 높이 올려서

하늘 아래 모든 권세 부끄럽게 하시네

류형선 음악가가 만든 〈그의 나라 온 땅에〉의 노랫말이다. 높은 지위에 있는 이들을 부끄럽게 하고 낮은 지위에 있는 이들을 들어 쓴다는 성서에만 있는 반전, 이를 직시해야 한다. 예수의 탄생 메시지는 "천한 사람들이여, 그대의 출신 성분으로 인해 좌절하지 말라, 하나님의 아들도 당신과 같은 신분이었다" 이것이다. 위로되지 않는가? (물론 돈 많고 권력이 있다고 다 악은 아니다. 예수는 돈이 많아도 마음 공허했던 삭개오의 편을 들어줬다. 예수는 군대를 보유했지만 마음 따뜻했던 백인 대장과 친구 관계를 맺었다. 부와 권세를 지닌 자도 예수처럼 가난하고 약한 이의 입장에 설 때 친구가 돼준다.)

약자의 피난처가 되어

네덜란드의 한 교회가 난민을 지키기 위해 96일간 예배했다. 2018년 10월 26일부터 2019년 1월 30일까지. 네덜란드 법은 예배 중에 공권력 집행을 못 하게 되어 있다. 그래서 교회에 머무는 난민이 잡혀가지 못하게 목사와 교인이 돌아가면서 끝없는 예배한 것이다. 감동의 '방탄 예배당'. 내가 담임하는 벙커1교회도 혹여 정의를 위해 일하다가 혹은 약자라는 이유로 몸 피해 들어온다면 마땅히 그렇게 해야 할 것이다. 약자의 피난처로서 교회의 본령을 잊지 말아야 한다. 성부 하나님의 마지막 메신저이자, 그 자체로 하나님인 예수는 이렇게 고된 백성, 황망한 백성의 위로가 되어주려고 왔다.

언급한 대로 성서에는 예수의 족보가 거론된다. 〈마태복음〉 1장, 〈누가복음〉 3장이 그렇다. 그런데 대가 다르고 등장인물도 다르다. 어찌된 일인가? 성서학자는 〈마태복음〉은 부계 즉 요셉의 계보, 〈누가복음〉은 모계 즉 마리아의 계보를 말한다고 해석한다. 그래서 〈마태복음〉은 유대교적 전통 즉 다윗의 혈통을 강조하지만, 〈누가복음〉은 아무도 알아주지 않던 여자의 계보를 다룬다. 〈누가복음〉의 족보가, 그래서 〈마태복음〉 족보보다 더 감동된다.

자, 그런데 〈누가복음〉에서 예수와 대조되는 집안의 한 사람이 거명된다. 바로 아우구스투스 황제다. 개역개정판 성경에서는 '가이사 아구스도'라고 기록하는데 아우구스투스가 맞다. 아우구스투스는 팍스 로마나를 연 인물이다. 절대 권력자였다. 그가 만일 유대계라면 영락없이 유대인이 기대했던 메시아로 간주됐을 것이다.

천하를 호령하는 세상의 왕, 하나님 권세에 비견되는 아우구스투스는 어마어마한 영토를 보유했고 그의 철권 권력에 도전할 자는 아무도 없다시피 했다. 절대자의 절대 지배 시대. 그의 세상은 평화로웠다. 이런 평화가 진짜 평화인가? 반대자, 저항자를 모두 감옥으로 보내 고문하고 반병신 만들고 죽게하는 평화가? 아니다. 가짜 평화다. 3.1혁명운동에 나선 조선 백성을 잡아 고문하고 사살한 일제 강점기의 평화, 제주와 여수 순천 민중을 토벌한 뒤 공포에 절게 만든 '강요된 침묵'이 지배한 평화, 도청 사수대를 사살 또는 체포한 뒤 제압한 광주 5.18 이후의 평화. 이 모두가 가짜 평화다.

세월호 마지막 두 실종자 중 한 사람의 어머니가 어느 성탄절엔가 팽목항에 모여 예배하는 사람들에게 이렇게 이야기했다고 한다. "하나님은 지금 여기 팽목항에 계시는 것이 아니라 우리 아이와 함께 계세요. 저 깊고 냄새나는 캄캄한 배에서 하나님은 우리 아이를 안고 계셔요. 우리는 그렇게 믿어요." 예수가 임재하는 공간에는 참 평화가 깃든다. 하지만 그런 예수의 손은 빈 손, 못자국만 보인다. 창이나 방패가 없다. 가장 무력한 자의 모습이다. 그리고 가장 마음 가난한 이의 곁에 있다. 예수의 평화는 그런 것이다.

한신대 신학대학원을 다니면서 한 전도사의 간증을 들을 수 있었다. 이 전도사는 교회 교육전도사로 사역하다 다리를 다쳤다. 치료비 등 뒷감당은 본인 몫이었다. 신학 수업, 전도사 활동 외에 아르바이트까지 뛰었다. 그러다가 다리가 더 상했다. 결국, 교회 일을 그만뒀다. 그 사이 마음에도 환부가 생겼다. 막노동 등 돈벌이가 될 수 있는 모든 일을 다 했다. 인생이 비루해졌다. 마침내 신학대학원을 휴학했다. 자퇴할 마음이었다. 심지어 주일에 교회로 가는 발길도 끊었다. 목사 지망생으로서 살아온 세월을 모두 부정하기에 이른 것이다.

밤샘 편의점 아르바이트를 하던 중이었다. 새벽에 졸다가 들어온 손님을 뒤늦게 봤다. 할아버지였다. "한라산을 달라"고 해서 드렸더니 갑자기 할아버지가 하이파이브하자며 손 모양을 하는 거다. 그래서 같이 하이파이브를 했다. 어색하거나 기분 나쁘지 않았다. 그런데 또 하자고 한다. 그렇게 여덟 번 했다. 그리고 마지막 아홉 번째, 이 할아버지가 이번엔 세차게 친다. 뒤로 자빠졌다. 그런데 전혀 당황하거나 기분 나쁘지 않았다. 할아버지가 이렇게 말했다. "혼자라고 생각하지 말라. 난 언제나 네 곁에 있으니까."

전도사는 그렇게 하나님의 현현(顯現)을 보았다고 고백한다. 머리 뒤에 동그란 서광을 달고 나타난 하나님이 아니었다. 새벽에 한라산 담배 사러 오는 초라한 할아버지의 모습이었다. 임마누엘은 이런 것이 아닐까? ('주작'을 의심할지 모르겠다. 하지만 나는 전도사의 눈빛에서 진심을 읽었다.)

하나님은 이런 존재다. 우리가 개개인이 극한에 몰려 고통받을 때, 자신의 힘으로는 일어설 수 없을 때 하이파이브를 요청하는 분이다. 생애 어떤 순간에라도 극한에 서 있을 때 하나님을 한 번만 불러보라. 하나님은 편파적인 분이다. 자기 힘으로 어떻게 할 수 없을 때, 절망의 벼랑 끝에 서 있을 때 나타나 "나는 너의 편"이라고 격려하는 분이다. 가난한 자, 병든 자, 고난받는 자의 편이다. 왜 변방의 피지배자, 그중 차별받는 여성인 마리아를 통해 오셨는지 그 의미를 묵상해야 한다.

성탄절을 기다리는 이 아름다운 시절에 우리는 임마누엘의 하나님을 생각하고, 가장 약할 때 또 가난할 때 내 편 들어주는 하나님을 믿으며 하루하루 하나님의 말씀된 삶을 살며 그가 찾으러 온 '잃어버린 영혼'을 위해 봉사하고 헌신해야겠다. 그리스도의 편지된 삶은 이런 것 아닐까.

주님께서 다시 말씀하셨다.
"나는 이집트에 있는 나의 백성이
고통받는 것을 똑똑히 보았고,
또 억압 때문에 괴로워서 부르짖는 소리를 들었다.
그러므로 나는 그들의 고난을 분명히 안다.
이제 내가 내려가서
이집트 사람의 손아귀에서 그들을 구하여,
이 땅으로부터 저 아름답고 넓은 땅, 젖과 꿀이 흐르는 땅,
곧 가나안 사람과 헷 사람과 아모리 사람과 브리스 사람과
히위 사람과 여부스 사람이 사는 곳으로 데려 가려고 한다.
지금도 이스라엘 자손이 부르짖는 소리가 나에게 들린다.
이집트 사람들이 그들을 학대하는 것도 보인다.
이제 나는 너를 바로에게 보내어,
나의 백성 이스라엘 자손을
이집트에서 이끌어 내게 하겠다."

출애굽기 3장 7-10절

자유를 찾아 떠난 모세

모세의 인생은 흡사 아침 드라마 줄거리다. 그는 태어나자마자 포대기에 싸인 채 강물에 버려진다. 그러자 신세는 180도 바뀐다. 이집트 왕자가 된 것이다. 그렇게 40년이 지난다. 히브리 동족 괴롭힌 이집트 사람에게 우연히 칼을 휘두른다. 여기가 인생 1막과 2막의 분기점이다. 그 길로 광야에서 무려 40년 동안 지내게 된다. 왕자 생활 40년, 떠돌이 생활 40년. 도합 80년. 40세를 '유혹을 느끼지 않는다' 해서 불혹(不惑)이라 하는데, 여든은 불혹을 두 번 거친 셈이니, 절대 딴생각 못 할 나이다. 그러니 하나님으로부터 이스라엘 백성을 이끌어내라는 명령을 받아 그대로 이행했던 것이다. 팔순은 '딴 방법 없을까' '이거 안 하면 안 되나'라며 발 뺄 그런 나이가 아니라는 거다.

　마음 비우고 신 뜻대로 살고자 할 때, 하나님은 사명과 복을 주는가 보다. '선하고 의로운 하나님이 나에게 별다른 역할을 맡기지 않는다'라고 생각해 의기소침하다면 '산전수전 다 겪어 내 속에서 나를 지운 팔순 노인'으로 나를 리모델링해봄이 어떨까? 아니면 팔순까지 기다리든지.

나그네가 되었으나

"모세야, 모세야!" 다 시들어버린 떨기나무가 불에 활활 타는 가운데 하나님은 모세에게 말한다. "나는, 이집트에 있는 나의 백성이 고통받는 것을 똑똑히 보았고, 또 억압 때문에 괴로워서 부르짖는 소리를 들었다. 가서, 이집트 사람의 손아귀에서 그들을 구하여라." 여기서 '보았다'와 '들었다'라는 동사는 경험적 언어라고 한다. 하나님이 누구한테 전해들은 게 아니라 직접 봤고, 뼈저리게 느꼈다는 말이다.

모세는 인생 3모작을 시작한다. 이스라엘 민족을 해방하는 지도자로서 말이다. 그렇다면 떠돌이로 살던 인생 2모작 시기, 즉 광야에서의 삶은 무의미했던 것일까. 아니다. 옛 자존감을 지우는 연단의 시간, 새로운 자존감을 세우는 훈련의 시간으로써 긴요했다. 또한 아들을 얻었다. 이름은 "내가 낯선 땅에서 나그네가 되었구나"라는 뜻의 게르솜. 신세 한탄을 아들 이름에 녹인 것일까? 아니다. '지금은 나그네가 되었으나 곧 갈 길을 찾을 것'이라는 기대와 소망을 내재한 것이다.

하나님은 모세에게 '억압 속에 있는 이스라엘 민족을 몽땅 구출하라'라고 명령했다. 틀림없이 힘에 부치는 일이었다. 하지만 모세는 "그 엄청난 일을 왜 나한테 시킵니까?"라고 난색을 표하지조차 않았다. 닥치고 "예" 한 것이다. 모세 사전에서 '아집'이 사라진, 자존감의 바닥남을 보여주는 대목이다.

하나님이 맡기는 사명은 대개 자신의 백성이 노예가 돼 고통 중에 놓여 있으니 구출하라는 것이었다. 성경에 나오는 '하나님 명령'은 실로 인간해방과 무관한 게 거의 없다. 백성을 이끌어 해방의 땅으로 인도하라고 모세에게 명령한 것 외에 방주를 지어 뭇 생명체를 구원하도록 노아에게 명령했으며, 기아 선상에 놓인 백성을 구하도록 요셉에게 명령했고, 기골이 장대한 블레셋 장수를 제압해 백성을 공포와 질겁에서 구하라고 다윗에게 명령했고, 절망과 고통의 시간을 보내는 민중에게 희망을 선포하도록 독생자 예수에게 명령했다.

그렇다. '인간해방'이다. 이는 모든 억압에서 해방된 상태를 말한다. '해방신학'의 지향점 또한 그러하다. 예수는 "하나님 나라가 가까이 왔다"라고 선포했다. '해방신학'을 만든 구스타보 구티에레스에 따르면, 그 나라는 하늘에 있는, 죽어야 가는, 교인이 되어야만 가는 나라가 아니다. 현세에서 실현할 수 있으니 '가난한 사람과 우는 사람과 박해받는 사람들이 행복할 수 있는' 나라다.

인간해방, 해방신학

해방은 인간 내면의 것까지 포괄한다. 사회적 계급, 역학, 소통

구조는 말할 것도 없고 개개인 내면의 자유까지 실현될 때 진정한 해방이 완성된다. 이게 해방신학의 줄기다. 이런 해방신학은, 민중의 저항을 자극하고 기득권 지배구조를 위협할 것이라고 봤던 것인지 레이건 전두환 등으로부터 잔인하게 짓밟혔다. 용공신학이라는 오명도 뒤집어썼다. 만약 공산주의가 본질이라면 해방신학은 소련 붕괴 이후 역사의 뒤안길로 사라져야 마땅하다. 견제도 통제도 안 받는 괴물 자본주의가 온 사회 공동체를 헤집고 다니는 현실, 노사관계 전문가라는 미명으로 노동자 노동조합을 짓밟는 자가 전문가로 예우받고 번성하기까지 하는 현실에서 해방신학은 과연 멸종될 가치인가. 자유와 정의가 강화되고 있다지만 이 자유와 정의를 짓밟는 기술도 진화되고 있다. 그런 의미에서 해방신학 아니 인간 해방을 위한 구원사적 역할은 조금도 축소될 수 없다. 해방신학은 '철 지난 유물'이 아니라 '싱싱한 신상(품)'이다.

　권위주의 정부 시절 독재자는 자기 체제를 '자유'와 '민주주의'를 결합한 '자유민주주의'라고 명명했다. '민주주의'와 '자유민주주의'는 다른 걸까? 아니다. 민주주의 안에 자유가 포괄되는 것이다. 그런데도 그들은 '자유민주주의'라고 해야 직성이 풀렸다. 그 이유는 어렵지 않게 짐작된다. 그들의 이력이 '민주주의'에 반(反)하는 경우가 많았기 때문이다. 그래서 '민주주의'를 지향하는 이들과 언어를 공유하기란 참 겸연쩍었을 것이다. 그래서 '민주주의'에 '자유'라는 수식어를 덧붙여 차별화한 것이라 짐작한다. 물론 자본주의적 속성인 '시장의 자유'를 강조하려 했다는 분석도 있다. 또한, 억압 일변도의 사회주의 체제보다 상대적으로 우월함을 알리고 싶은 심산을 읽은 이들도 있다. 그러나 분명히 선 그어봐야 할 것은, 권위주의와 독재를 지향하는 이들이 말하는 자유는 권력자가 용인한 자유란 점이다. 권력자도 비판할 수 있는 자유가 아니다. 그렇다. 제약된 자유란 없다. 주어진 자유에 만족하는 순간, 우리는 개돼지가 된다. 허용된 자유도 얼마든지 제약될 수 있으니까.

'빤스' 발언으로 고약한 유명세를 치르는 어떤 목사 이야기다. "내가 요구하면 여성 신자는 팬티를 벗어야 한다"는 문제적 발언을 한 그 자리에서 했던 또 다른 말이다. "우리 교회 교인 중 나를 위해 죽으려는 자가 70% 이상이다. 내가 손가락 한 개 펴고 다섯 개라 하면 다 다섯 개라 한다. 자기 견해가 없다. 어떤 의미에서 목사는 교인들에게 '교주'가 되어야 한다." 이 목사는 교인 개개인의 판단과 사유를 본인이 대신할 수 있다고 생각하는 모양이다. 그런 권능과 사명이 목사에게 부여된 바 없다. 이는 기독교의 가치를 통째로 부정하는 언사다. 본인이 하나님 되려 했던 건지는 알 수 없지만.

해방의 종교, 기독교

명실공히 기독교는 해방의 종교다. 그렇게 해서 자유를 주는 종교다. 하나님은 모세를 전 생애에 걸쳐 '자유한 인간'의 길로 이끌었다. 만약 모세가 왕족으로서 생을 다했다면 노예 상태의 이스라엘 백성은 단 한 시도 자유를 경험하지 못했을 것이다. 이들을 구원하려는 하나님은 영도자로 모세를 택해 왕궁에서 지도력을 배우게 했고, 그를 쫓기는 자의 신분으로 40년간 광야에서 굴려 맷집을 키웠고, 노예근성으로 찌든 백성을 그들 생애에 단 한 번도 경험해보지 못한 자유의 길로 걷게 했다.

이스라엘 민족 처지에서 생각해보자. 비록 노예 신분이지만 3대에 걸쳐 터를 가꾼 곳인데, 이곳을 버리고 이미 남의 땅이 됐을 고향에 돌아가라고 하면 발을 뗄 수 있겠는가? 하나님은, 자유가 성가신, 노예근성에 찌든 이들을 초자연적 열 가지 재앙으로 흔들었다. 그렇게 고착된 일상에서 벗어나게 하고 모세의 뒤를 따르게 했다. 그래서 자유를 찾는 것은, 더 나은 삶을 향하는 것이지만, 매우 큰 용기와 희생을 감수해야 하는 일이다.

벙커1교회에서 실로 충격적인 일이 발생했다. 2018년 11월에 접수돼 12월에 발표된 진상조사 결과를 소개한다.

진상조사 결과 및 권고

벙커1교회는 교회 내 인권탄압 의혹 사건을 제보받고 한 달 동안 교우피해진상조사위원회를 통해 진상 파악에 나섰습니다. 그리고 지난주 결과 보고 및 권고를 했습니다. 다음은 그 내용입니다.

벙커1교회에 오래 출석하면서 자연스럽게 구성원으로 존중받던 누군가가 자신의 지식과 경험을 무기로 다른 구성원의 정신과 육체에 대해 심각한 수준으로 억압을 시도하였습니다.

다수의 교우에게 반복적으로 접근하고, (우리가 확인할 수 없는) 어떤 목적을 가지고 일부 교우를 향해 물리적 억압을 동반한, (피해자 입장에서는) 견디기 힘든 정서적·심리적·언어적 폭력을 시도한 사건으로 규정했습니다.

우리 벙커1교회는 예수님의 가르침에 따라 상호 간 수평적 관계와 상호존중을 기반으로 하는 공동체를 만들기 위해 많은 노력을 기울였습니다.

하지만 공동체가 가지는 상호존중과 자유의 정신을 오용하여 타인의 자유를 제한하는 행위를 하는 자의 자유까지도 존중하는 듯한 현상이 일부 나타나기도 하였습니다. 급기야 이번 사건의 경우 그 정도가 우리 공동체의 신앙과 일반 상식을 너무나도 크게 벗어나는 상황에까지 이르게 됐습니다.

공동체 구성원 누구를 막론하고 작금의 사건 앞에 망연자실한 마음을 금할 수 없을 것입니다.

이에 우리는 교회 공동체에 권고합니다. 최우선으로 △ 교회는 피해자에게 교회 공동체의 이름으로 깊게 사과하고, △ 피해자의 정신적·정서적 치유와 회복을 위해 노력을 아끼지 말아야 할 것입니다. 아울러 △ 피해자가 원하는 경우 민형사상 처벌을 포함한 법적 대응에도 함께해야 할 것입니다.

자유와 취향 존중, 얽매이지 않는 벙커1교회 신앙생활의 본래 취지는 충분히 인정하고 좋은 것으로 판단되나, 교회가 양적 질적으로 성장해가는 가운데 이와 비슷한 사례가 반복될 개연성이 충분히 있다고 봅니다. 이에 우리 공동체 일원들을 보호하고 어떤 특정한 목적을 가지고 교회 공동체와 구성원들을 위험에 빠뜨리는 이들로부터 공동체와 교우들을 보호하기 위한 최소한의 제도적·조직적 장치를 마련할 것을 권고하는 바입니다.

2018년 12월 30일
교우피해진상조사위원회

　사건 진상조사 결과는 비공개 보고됐는데, 내용은 이러했다. 신학 수업 경험을 주장하는 한 연장자가 나이 어린 청년 교우를 상대로 지배-피지배 관계를 형성했다. 단적 예로 피해자는 가해자가 자신의 눈을 가리고 몸을 묶은 채 스스로의 죄를 고백하게 했다고 고발했다. '아들'로 명명된 피해자는 '아버지'임을 자처한 가해자에게 정신적으로 예속될 수밖에 없었다.

　나는 벙커1교회가 인간을 해방하는 교회가 돼야 한다고 누차 강조해왔다. 그런데 사건은 이를 부정하는 것이었다. 교회의 책임자 격인 나는 격한 분노를 삭이며 최우선적으로 피해 교우에게 머리 숙여 사과하고 재발 방지를 약속했다. "몰랐다는 것으로써 회피할 수 없습니다"라고 운을 떼며 자책했다. 그리고 교회에 재발 방지를 위한 내규를 두는가 하면, 벙커1교회의 교단 가입 즉 공교회화를 서두르게 됐다. 물론 강화된 법률, 지도자의 굳은 의지만으로 방지될 일이 아님은 불문가지다. 나는 공동체적인 노력이 뒤따라야 한다고 생각했다. 교회 문턱만 넘으면 교인을 어리석은 대중 즉 우중(愚衆)으로 취급하는 오랜 관행, 이것이 문제였다. 그렇다. 이를 개선하는 것은 교회 지도자만의 몫이 아니다. 노예로 길들지 않으려는 교인의 의지가 결합돼야 한다.

이스라엘 민족을 가나안으로 이끌면서 모세는 무수히 많은 원망과 저항에 시달렸다. 성경에 기록돼 있지 않지만 몇몇 무리는 '노예로 사는 게 더 낫겠다'라며 이집트로 돌아가지 않았을까 짐작한다. 벙커1교회가 해방된 교회로서 실질성을 가지려면 체질부터 바꿔야 한다. 담임 교역자가 모세가 되는 게 아니라, 모두가 모세가 되는 길로 말이다. 앞에 어떤 일이 펼쳐질지 알 수 없으나 '자유를 지향하는 교회'라는 벙커1교회의 가치는 포기하지 않을 것이다.

벙커1교회 예배 안내

매주일 오전 9시 서울시 강북구 도봉로 18길 10

매주일 오전 11시 서울시 마포구 월드컵북로5가길 8-15 지하1층

매주일 오전 11시 유튜브 〈김용민TV〉 생중계

여러분은 아직도 육에 속한 사람들입니다.

여러분 가운데에서 시기와 싸움이 있으니,

여러분은 육에 속한 사람이고,

인간의 방식대로 살고 있는 것이 아닙니까?

어떤 사람은 "나는 바울 편이다" 하고,

또 다른 사람은 "나는 아볼로 편이다" 한다니,

여러분은 육에 속한 사람이 아니고 무엇이겠습니까?

그렇다면 아볼로는 무엇이고, 바울은 무엇입니까?

아볼로와 나는 여러분을 믿게 한 일꾼들이며,

주님께서 우리에게 각각 맡겨 주신 대로 일하였을 뿐입니다.

나는 심고, 아볼로는 물을 주었습니다.

그러나 하나님께서 자라게 하셨습니다.

그러므로 심는 사람이나 물 주는 사람은 아무것도 아니요,

자라게 하시는 분은 하나님이십니다.

심는 사람과 물 주는 사람은 하나이며,

그들은 각각 수고한 만큼 자기의 삯을 받을 것입니다.

우리는 하나님의 동역자요,

여러분은 하나님의 밭이며, 하나님의 건물입니다.

고린도전서 3장 3-9절

당신은 약자 편인가

전화국에 불나면 아니, 전화국 지하 선로 하나 타기만 해도 아비규환인 세상이다. 요즘 통신 선로에 전화선만 있나? 인터넷망도 병설돼 있다. 게다가 요즘에는 인터넷망을 통해 TV가 송출되는 시대다. 지난 2018년 11월 24일 서울 KT 아현국사 지하 화재 사건은 취약한 한국의 통신 보안체계를 여실히 드러냈다. SNS 반응이 흥미로웠다. 인터넷이 끊긴 사람들은 "독서했다" "라디오를 켰다" "낮부터 잤다" "무작정 거리에 나갔다" 등 다양한 '인터넷 없는 일상'을 공유했다. 몇 시간이기에 가능했을 거다. 이런 상황이 1개월이 되고, 1년이 된다면, 사회는 혼란의 도가니가 됐을 것이다.

제법 지난 세월의 일이긴 하나 전직 국무총리가 했던 말이라고 한다. "대한민국을 파괴할 방법은 1만 가지가 넘는다. 특히 서울 시내 맨홀 뚜껑 서너 개만 열고 그곳을 폭파해보라. 이 나라는 원시 국가가 된다." 그렇다. 지하에는 통신, 에너지, 수도가 묻혀 있다. 그뿐인가? 지하철, 지하도가 거미줄처럼 연결돼 있다. 어디에 무엇이 어떻게 묻혀 있는지 정부와 공공기관도 알지 못한다는 섬뜩한 이야기도 들려온다.

물론 극복 못 할 위기는 없다. 국난이라도 국민이 똘똘 뭉친다면 해소는 시간문제다. 고구려 시대 안시성 전투를 보더라도 그렇다. 수십만 당나라 군대에 맞선 수천의 안시성 주민들. 지도자 믿고 공동체가 결속되니 위기는 시련에 불과했다. 외환위기 때 금 모으기 운동에 솔선한 우리 국민은 어떤가. 그 운동 자체로 외채 상환은 턱없었지만 구제금융 초단기 졸업을 달성하는 정신적 동력으로 작용한 것만은 분명하다. 그렇다. 단합 단결만 한 무기는 없다. 뒤집어 이야기해보면 분열 갈등은 공동체 유지에 있어 가장 큰 위협 요인이다.

찢어진 교회에서

오늘 성서 본문은 고린도교회에 보내는 바울의 편지다. 교회가 건강했다면 아마도 보내지 않았을 편지였으리라. 〈고린도전서〉에서 가장 유명한 장이 무엇인가? 13장이다. "사랑은 언제나 오래 참고…"로 유명한. 이 '사랑장'의 백미는 "모든 것을 참으며 모든 것을 믿으며 모든 것을 바라며 모든 것을 견디느니라"(7절, 개역개정)이다. 물론 비리와 부조리마저 참고 믿고 바라고 견디라는 말일 리 없다. 앞선 "사랑은 악한 것을 생각하지 아니하며 불의를 기뻐하지 아니하며 진리와 함께 기뻐하고"(5-6절, 개역개정)라는 구절을 보라. 바울은 정의를 배척한 사랑에 수긍한 바 없다.

고린도교회는 바울파, 아볼로파, 베드로파, 그리스도파 등으로 판판이 찢어진 상태다. 참 내로라하는 이름의 파벌들이다. 이 교회에 바울, 아볼로, 베드로 심지어 그리스도가 출석해서 세력을 형성하고 있는 것일까? 아니다. 그렇다면 정신적 지주로 추앙된 나머지 이 이름들이 소환된 것일까? 또한, 아니다. 고린도교회에서 바울에게 세례받으면 바울파, 아볼로에게 했으면 아볼로파가 됐다. 문제의 요체는 고린도교회 설립자요, 직전 교회담임자인 바울과 현 담임자 아볼로의 지지자 간 상호 갈등이다. 교회에서 떠난 사람이 거론된다고 함은 현 담임자가 아직 확실하게 지도력을 구축하지 못했다는 이야기가 되겠다. '내가 전임 목사와 친하다'라는 파벌이 생동하고 있으니까. 사실 아볼로는 회심한 유대인으로서 말씀씨나 성서에 대한 이해도와 견문이 넓다. 무능하거나 유약하지 않다. 그런데도 '바울의 로열티'를 넘어서지는 못 했다.

그렇다면 나머지 분파는 무엇일까? 베드로파는 좀 복잡하다. 본디 고린도는 항구도시다. 교통이 발달했고 물자가 넘쳐났으며 소통이 활발했고 또 성적으로 문란했다. 항구도시 속성이 그렇다. 그렇게 고린도에 와서 정착한 교인들을 싸잡아 베드로파라고 부른 것 같다. 베드로파에는 바울에게 세례받은 이도 있었고, 예루살렘에서 온 그리스도인도 있었다. 더러 예루살렘에서 베드로로부터 전도받은 '직간접 유관자'도 있었다고 하니 허명만은 아니었다. 그만큼 베드로는 예수의 수석 제자로서 강력한 상징성을 지니고 있었다. 그래서 베드로파임을 앞세워 진짜와 가짜 그리스도인을 '감별'하는 자도 있었다고 한다.

그렇다면 그리스도파는 누구인가? 잘라 말해 바울파, 게바파, 아볼로파와 아무 연관이 없는 사람들이다. 너무 없어보이면 그러하니 아볼로파는 물론, 바울파, 베드로파를 뺨칠 예수 그리스도파를 만든 것이다. '너희는 사람을 좇지만 우리는 그리스도를 따른다'라며 예수 그리스도를 계파의 수장으로 급조했다. 예수의 의지와 무관하게 예수 이름을 갖다 쓴 파벌까지 나온 셈이다. 그렇다면 바울이나 아볼로나 베드로는 자기 이름을 건 파벌을 허용했을까? 그럴 리가.

이런 갈등과 분열이, 실은 초대교회에서 빈번했다. 유대 기독교와 헬라 기독교가 분열된 상태다. 유대 기독교는 여전히 유대교적 잔재가 남아 있어서, 예수 그리스도를 믿는 사람 중에서도 유대인이 우선된 복을 받는다는 선민의식에 절었다. 유대인 선민의식은 새로운 게 아니다. 앞서도 언급했지만 〈마태복음〉 1장에 나오는 예수 족보는 예수가 유대인 로열패밀리라고 강조하려는 뜻이 역력하다. '족보만 봐도 예수는 적통 메시아'라고 말하고 싶었던 거다.

그러나 유대인을 먼저 예우해야 한다는 주장은 아무짝에

도 쓸모없다고 일찌감치 단언한 예수와 바울이다. 기실 바울이 고린도교회에 보낸 편지의 골간은 예수 안에서 신분과 계급 등 모든 차별이 철폐됐음을 선언함이다.

비단 신분 계급 타파만이 아니다. 생각의 차이도 허물어졌다고 말한다. 당시 고린도교회 안에서는 우상 앞에 바친 제사 음식을 먹어도 되는가를 두고 갈등이 빚어졌다. 그뿐 아니다. 신유, 방언, 예언, 축귀 같은 은사의 능력을 두고 어느 누가 더 우월하다, 저열하다 이런 논쟁으로 소모전을 벌였다.

무의미한 논쟁 너머

1659년부터 1674년까지 장장 15년 동안 조선 땅에서 벌어진 예송(禮訟)논쟁 들어보았는가? 왕이 사망했을 때 상복을 몇 년간 입어야 할지를 두고 조정 관료와 지식인들이 둘로 나뉘어 붙은 싸움이다. 개관은 이렇다. 효종이 승하했다. 효종 어머니인 자의대비는 상복을 얼마나 입어야 하는지 판단이 분분했다. 송시열이 속한 서인은 1년을 주장했고, 남인은 (효종이 왕위를 계승해 장자[長子]나 다름없기에) 3년으로 해야 한다고 했다. 끝내 이 문제는 논쟁이 됐다. 예법, 예의에 대한 해석 차원이 아니다. 효종을 장자로 인정하느냐, 마느냐 하는 정치적 쟁점이 된 것이다.

논쟁의 중심에 송시열이 있다. 송시열은 누구인가? 청나라를 응징하려 했던 북벌론자다. 또한 그는 명나라가 여전히 중화의 적통을 잇는다고 믿었다. 그런데 병자호란 당시 청나라에 볼모로 끌려갔던 소현세자가 의문사를 당한다. 그래서 소현세자의 동생 효종이 왕위를 이어받게 된다. 송시열은 심적으로 동의되지 않았다. 그런데 효종이 죽었다. 송시열은 장자가 아니니 1년만 상복을 입어야 한다고 주장했다. 하여간 '의미 없는 일'이다.

무의미한 논쟁은 종교개혁자 사이에서도 있었다. 이른바 '성만찬 논쟁'이다. 가톨릭에서 성찬식은 매우 각별하다. 극단적 페미니즘 단체로 알려진 워마드의 한 회원이 영성체를 훼손했다. 그러자 천주교가 크게 반발했다. 가톨릭에서 영성체는 예수의 몸이다. 예수의 몸을 기념하는 정도가 아니다. 사제에 의해 빵이 그리스도의 몸으로 선언되는 순간, 이 영성체는 있는 그대로 예수의 진짜 몸이 되는 것이다. 하지만 종교개혁자 마르틴 루터는 빵이 예수의 몸이 된다는 전통적 견해에 대해 선을 긋고 단지 예수의 몸으로 '기념'(!)될 뿐이라고 정의했다. 같은 말 같지만 다르다. 물리 화학적으로 예수의 몸이 된다는 게 아니라 기념될 뿐이라는 말이다. 울리히 츠빙글리는 여기에 반기를 든다. "왜 확실하게 입장을 못 밝히나? 예수의 몸이 기념되는 게 아니라 상징될 뿐이다!" 이렇게 주장했다.

기념 또는 상징, 어느 무엇이건 간에 죄인을 위해 예수가 베푼 성만찬의 진의가 더 중요하지 않을까? 한심한 일이다. 그 빵이 또 그 포도주가 어떤 성질 변화를 일으키는지까지 유구한 세월, 쓸데없는 논란으로 정력을 소모한 것이다.

논쟁으로만 그치면 얼마나 좋겠는가? 이런 갈등은 대개 진리나 이념에 대한 견해차에서 비롯된 것이 아니라 대개 특정 지도자를 정점으로 한 세력 간 다툼의 성격이 짙다. 싸움이 길고 깊어지면 다시는 화합하기 곤란할 대결로 이어지다가 마침내 무수한 억압과 살상이 수반된 물리적 충돌로 귀결된다. 그래서 기독교인의 싸움은 '돌아갈 다리'를 지키는 것이어야 한다. 쉽게 이야기해 화해가 가능한 논쟁이어야 한다. 진리와 정의를 위한 공동선의 모색, 그것이 그렇게 어려운 일인가? 교회는 본디 평화를 위해서 일하러 모인 사람들의 공동체 아닌가? 교인끼리 치고받고 싸우는 순간, 상징되고 기념된 아니 실체인 예수의 몸은 갈가리 찢기는 것이다.

그렇다면 우리는 어떻게 해야 이 분열과 갈등의 늪에서 우리를 구원할 수 있을까? 바울처럼 아볼로처럼 그렇게 살 수 있어야 한다. 〈고린도전서〉 12장 12-20절을 읽어보자.

몸은 하나이지만 많은 지체가 있고, 몸의 지체는 많지만 그들이 모두 한 몸이듯이, 그리스도도 그러하십니다. 우리는 유대 사람이든지 그리스 사람이든지, 종이든지 자유인이든지, 모두 한 성령으로 세례를 받아서 한 몸이 되었고, 또 모두 한 성령을 마시게 되었습니다. 몸은 하나의 지체로 되어 있는 것이 아니라, 여러 지체로 되어 있습니다. 발이 말하기를 "나는 손이 아니니까, 몸에 속한 것이 아니다" 한다고 해서 발이 몸에 속하지 않은 것이 아닙니다. 또 귀가 말하기를 "나는 눈이 아니니까, 몸에 속한 것이 아니다" 한다고 해서 귀가 몸에 속하지 않은 것이 아닙니다. 온몸이 다 눈이라면, 어떻게 듣겠습니까? 또 온몸이 다 귀라면, 어떻게 냄새를 맡겠습니까? 그런데 실은 하나님께서는, 원하시는 대로, 우리 몸에다가 각각 다른 여러 지체를 두셨습니다. 전체가 하나의 지체로 되어 있다고 하면, 몸은 어디에 있습니까? 그런데 실은 지체는 여럿이지만, 몸은 하나입니다.

몸이 붙은 쌍둥이의 모습을 인터넷에서 종종 본다. 그 둘은 미워하고 싸운다고 해서 외면할 수 있는 운명이 아니다. 교회 공동체도 그러하다. 공동체가 깨지는 것은 우리의 몸을 가르는 것과 같다. 그러면 쌍둥이의 운명처럼 죽는 길뿐이다. 명징하고 명확한 불의가 아님에도, 또 공동체 평화를 위한 고민을 억압하는 것도 아닌데 작은 흠결을 들어 '내 편' '네 편'으로 가르고 상대를 천하 악당으로 매도하며 정죄하는 시도는 그리스도의 몸을 가르는 행동으로 규정돼 마땅하다.

지금 고린도교회는 아볼로 팬클럽과 바울 팬클럽이 싸움 붙는 형국이다. 비교하자면 담임목사와 원로목사의 갈등으로 공동체가 둘로 쪼개지는 현대 교회의 상황과 흡사하다. 이게 패턴이 있다. 원로목사가 후임으로 피 한 방울 안 섞인 사람을 데리고 온다. 그 담임목사는 자기 목회를 하고 싶은데 원로목사가 사사건건 발목을 잡는다. 그러면 '날 쫓아내려고 하는가

보다'라며 의심한다. 나아가 '내가 봉인가'라고 하며 노기를 품게 된다. 이때 담임목사를 지지하는 이들이 와서 원로목사의 비리를 알려준다. 담임목사의 귀가 솔깃해진다. 그리고 정의의 화신이 돼 치리한다. 구태 적폐로 몰린 원로목사는 배은망덕 프레임을 발동한다. 그리고 담임목사 목회에 불만 품은 교인을 규합해 맞서 싸운다. 교회는 아수라장이 되고 만다. 한두 교회의 일이 아니다.

'담임목사' 아볼로는 어떤 사람인가? 지식이 있다고 생색내지 않았다. 이런저런 성경 해설서를 보면, 아볼로가 교회 분열을 애통해하며 고린도교회를 떠나 그레데섬으로 물러나는 상황을 소개한다. 스스로 사임한다. 때마침 '원로목사' 바울이 〈고린도전서〉를 쓴다. 여기서 뭐라고 했느냐? "좀 부족해도 아볼로를 중심으로 뭉쳐라" "나는 씨를 뿌렸는데 아볼로는 물을 줬다"라고 썼다. 이로써 고린도교회 논란은 봉합된다. 그리고 아볼로가 돌아온다.

극한의 공격은 극한의 반격을 부른다. 이는 교회 안이 아니라 세상만사에 모두 적용될 문제이고, '나부랭이'로 사는 나도 유념해야 할 문제다. 인생의 경험과 철학이 서로 다른 사람 사이에서 평화롭게 공존하는 길, 참으로 먼 길이다.

오늘 이 시대에 바울 같은, 아볼로 같은 사람은 없을까?

나는 '혐오'에 대해 가벼이 여겼다. 내가 남을 혐오하지 않으면 된다고 생각했다. 그러나 혐오가 사회적 광기와 결합하면 이것은 전혀 다른 문제가 된다. 혐오를 탑재한 광기는 그 사회 구성원인 각각의 개인에게 묻는다. "나와 한 몸체가 돼야 하지 않겠느냐, 아니면 떨어져나가 스스로 피혐오 대상이 되겠느냐"라고. 물론 이렇게 비장하게 묻지만은 않는다. 가끔 꿀 발라 묻기도 한다. 패거리 의식의 형성은 혐오의 그것과 같은 회로다. 배타적 집단의 초대에 응하지 않는 개인은 고립을 각오해야 한다. 그래서 혐오는 선택 아닌 강요의 문제다.

소외의 문제가 사회적 병리가 되는 마당에서 혐오는 간단치 않다. 2018년 지방선거를 앞둔 시점, 이재명 더불어민주당 경기도지사 후보를 두고 벌어진 일련의 현상을 복기해보자.

경선 및 본선 과정에서 나는 누구에 대해서도 지지 의사를 표한 바 없다. 때마침 SBS에서 라디오 시사 프로그램 진행을 맡고 있던 나로서는 (기표소에 들어가서는 누군가에 편파하는 처지지만) 정치적 의사표시를 하기 힘든 처지였다. 선거 방송심의에 관한 특별규정 21조 3항을 보면 "방송은 특정한 후보자나 정당에 대한 지지를 공표한 자 및 정당의 당원을 선거기간 중 시사정보프로그램의 진행자로 출연시켜서는 아니된다"라고 돼 있다. 그러나 일군의 무리는 내가 2017년 대통령 선거 더불어민주당 후보 경선 과정에서 이재명 후보에게 후원금을 보낸 점 등을 들어 '이재명 지지자'라고 규정했다. 그러더니 서슴없이 공격을 퍼부어댔다. 내가 그 상황을 회피하려 했다면 이재명 후보를 비난했어야 했다.

나뿐 아니다. 이재명 후보가 민주당 경기도지사 후보로 선출되고 '경선 때는 지지하지 않았지만, 최종 후보가 됐으니 민주당원으로서 그를 지지할 것'이라고 말한 정치인부터 시작해서 그에 대해 반대 발언을 하지 않은 같은 진영 내의 명망가까지 물려 뜯겼다. 그들은 생각이 다르다고 판단되면 '찢빠'라는 혐오 표현도 서슴지 않았다. 심지어 본선 과정에서 그의 최대 경쟁자인 자유한국당 후보를 지지하기에 이른다.

공론의 장에서 공직선거 후보에 대해 유권자가 호불호를 표시하는 것은 보장돼야 한다. 이 기회 아니면 언제 유권자가 '갑' 대접을 받을 수 있겠는가. 아울러 '표현의 자유'를 억압하는 것보다 거짓에 억측이고 흑색선전이라 할지라도 '표현의 자유'를 보장했을 때에 얻는 이득이 더 크다는 지적도 있다. 그러나 과정과 맥락의 합리성을 차치한 채 (수사기관조차 인정하지 않은) 음모론에 함몰되더니, 이재명 지사와 관련해 불리한 기사나 정황만 있으면 '파블로프의 개'마냥 호응하는 모습을 보인다. 혐오가 이성을 어떻게 해체하는지 그들은 극명하게 보여줬다.

김형완 인권정책연구소장이 2016년 1월 서울대학교 인권센터 주최 토론회에서 했던 '차별과 혐오, 인권의 패러다임' 발제를 인용해본다. '혐오의 사회적 작동 기제'라는 제목인데, 좀 더 쉬운 표현으로 윤문하자면 이렇다.

첫째, 나(우리)에게 남(다른 집단)을 떼어내, 불의로 또 악으로 규정한다.
둘째, 남은 약자이거나 소수자 등 상대적으로 공격하기 쉬운 대상이어야 한다.
셋째, 나(우리)의 혐오를 정당화하기 위해 남을 혐오하는 이유를 신념 즉 이데올로기로 만든다.
넷째, 남을 불의와 악인으로 찍었을 때 발생하는 낙인효과 (남에 대한 부정적 인식은 지워지지 않는다는 이론)를 적극적으로 활용한다.
다섯째, 남을 적극적으로 비타협적으로 공격한다. 즉 호전

성을 강화한다.

여섯째, 공동체 다수의 이익을 대변하는 것이라며 혐오에 주저하는 방관자를 끌어들인다.

일곱째, 가짜뉴스마저 사실로 여기게 한다.

여덟째. 공포를 의도적으로 조직한다. 남을 죽여야만 내가 사는데 만약 그렇게 하지 않아 남이 득세하면 우리는 모두 죽는다는 '종말론'도 회피하지 않는다.

이 기제는 이재명만이 아니라, 기성 질서에 저항하는 소수자 약자를 짓밟는 데도 쓰이는 것이다. 한국교회가 그렇지 않은가. 성적 소수자, 난민을 포함한 이슬람교인, 민주화 노동 통일운동 세력을 이 도마 위에 올려놓고 얼마나 잔인하고 혹독하게 유린했는가.

"원수마저 사랑하라"는 예수의 가르침을 중심에 두면 기독교 안에 증오가 발붙일 공간은 없다. 그러나 그 말씀은 묵음 처리되고 있다. 혐오 없이는 교회 작동이 쉽지 않은 터다. 리처드 도킨스는 《만들어진 신》(김영사, 2007)에서 "구약성서의 신 야훼는 모든 소설을 통틀어 가장 불쾌한 주인공이라고 할 수 있다. 시기하고 거만한 존재, 좀스럽고 불공평하고 용납을 모르는 지배욕을 지닌 존재, 복수심에 불타고 피에 굶주린 인종 청소자, 여성을 혐오하고 동성애를 증오하고 유아를 살해하고, 대량학살을 자행하고 자식을 죽이고 전염병을 퍼뜨리고, 과대

망상증에 가학피학성 변태 성욕에 변덕스럽고 심술궂은 난폭자로 나온다. 유아 때부터 그의 행동 양식을 주입받은 우리 같은 사람들은 그런 행위들이 빚어내는 공포에 둔감해졌을 수있다"고 질타한다. 이 지적에 대한 가장 확실한 반박은 리처드 도킨스나 그의 주장에 대한 공격이 아니다. '그렇지 않음'을 실천과 행동으로써 보여주는 것이다. 즉 혐오를 교회 밖으로 몰아내는 것이다.

방법은 무엇일까? '혐오 안 하기'로 다짐만 하면 되는 것일까? 아니다. 그 정도 나락에 떨어진 게 아니다. 교회마저 혐오를 유포하는 상황은 기독교에 사랑이 고갈돼 제 살 파먹는 시대가 도래했음을 상징한다. 기독교가 이제는 성서, 교회, 목사로 대표되는 신앙에서 탈출해야 한다. 왜냐. 기독교가 행하는 모든 혐오는 하나님이 아닌 성서, 교회, 목사의 이름으로 정당화됐기 때문이다. 예수 정신은 오늘에 이르러 누군가가 대변할 성질의 것이 아니다. 즉 예수의 메시지는 재해석하거나 교정할 여지가 없다. 그의 말, 무엇이 난해한가. 예수는 아무나 사랑하라고 했는데, 그 후대는 이 아무개 또 저 아무개는 빼고 사랑하라고 변질시키지 않았던가. 그의 가르침은 있는 그대로 실천하면 된다.

예수는 이를 일깨우려 스스로 혐오 대상이 됐다. 예루살렘에 입성할 때 "주의 이름으로 오시는 이여"라며 찬사를 받던 그가, 불과 일주일도 안 된 시점에 비방과 모욕 속에 파묻혀 십자가 지고 골고다 언덕길을 걸어가지 않았나. 당시 두려워 도망치기 바빴던 제자들, 훗날 집단적 체험과 회개 속에, 스승보다 더한 고난의 길을 자초하더니 대부분 기꺼이 참혹한 죽음을 맞았다. 그렇다. 극한의 혐오 대상이던 예수와 제자들, 지금 그들은 어떻게 평가받고 있나?

사회 전반에 인권 의식이 무르익고 이를 뒷받침하는 제도 법률이 빈틈을 촘촘히 메워가는 시대이니 혐오를 걱정할 필요가 없다고? 천만에! 더 영악하고 완고한 방향으로 '진화된 혐오'가 편먹어달라고 꼬리치고 있다. 그렇게 혐오와 입을 맞추는 순간, 나와 우리를 이루는 공동체는 눈깜짝할 사이에 허물어질 것이다. '아름다움'의 어원을 알고 있는가? 여러 개체가 모여 조화롭게 하나를 이룬 상태를 말한다. 그 반대는 '아름답지 않은' 상태가 될 텐데, 이쯤 되면 각자 개체는 스스로 존재의 의미를 보여줘야 한다. 그래야만 생존할 수 있다. 왜냐. 개개인의 가치는 생산성에 따라 매겨지기 때문이다. 그런 시대가 도래하면 병들고, 가난하고, 나이 든 사람은 박대해도 되는 게 상식이 될 것이다.

우리 사회는 청년에게 박정하다. 스스럼없이 '열정페이'를 강요한다. 저임금, 비정규직을 '젊은 날이면 마땅히 경험해야 할 값진 고생'으로 정당화한다. 소중한 꿈, 행복하게 살고자 하는 욕망을 일방적으로 유보시킨다. 그래서 두렵다. 청년을 우습게 여기던 우리도 어느 순간에 노인이 돼 있을 것이다. 돈줄 또 힘줄이 지금의 청년 세대에게 넘어가게 되면 우리는 어떤 대접을 받게 될까? '틀딱'(노인용 틀니를 일컫는 말, 즉 노인을 비하하는 표현)으로 규정되지는 않을까. 왜냐? 생산성의 관점에서 보면 나는 잉여요, 밥충이에 다름 아니니까. 아니다. "늙어서 돈 없으면 서럽다"는 어른 세대의 말이 생경하지 않으니 그런 시대는 이미 도래했는지 모른다. 그래서일까? 한때는 조소와 경멸의 대상이었던 '박정희주의자' '태극기 부대' 어르신들의 격정이 이젠 연민의 관점으로 보인다.

혐오와 무엇으로 맞설 것인가. 이 책에서 줄기차게 이야기했지만, 약자, 소수자에 대한 무한한 감수성이다. 이를 얻기 위한 열쇠가 있다. 다른 어느 누군가의 존엄과 나의 그것이 동일한 값이라는 점을 각성하고 신념으로써 굳히게 하는 것이다. 페터 비에리의 《삶의 격》(은행나무, 2014)에는 '난쟁이 던지기'라는 야만적 유희가 소개된다.

이는 독일의 한 마을에서 왜소증을 앓고 있는 이들, 흔히 '난쟁이'를 던지는 축제다. 난쟁이는 인형이나 짐승이 아니다. 왜소증을 앓지만 그도 사람이다. 비에리가 '던져지는' 사람에게 물었다. '당신의 존엄이 허물어지는데 이런 일을 굳이 해야 하는가' 하는. 그러자 당사자는 딱한 눈빛으로 말한다. '그래야 밥벌이를 할 수 있다.' 그리고 '당신과 나는 다른 경우로, 당신이야 노력하면 일자리가 생기지만 나는 그러하지 못하다'라고. 비에리는 이렇게 이야기한다. "인간은 물질화·수단화되면서 굴욕을 당한다. 그래서 존엄성은 법적 장치를 통해 보호되는 것이다. 이는 개인의 자유로운 의사 결정권보다 상위에 있는 가치다. 그러므로 누구든 자신의 존엄을 마음대로 내던져서는 안 된다."

〈창세기〉 2장에 나오지만 하나님은 흙으로 지은 사람의 코에 생기를 불어넣었다. 나는 그 생기를 존엄이라고 고백한다. 성서의 한계는 명징하다. 저자의 낮은 인권 감수성, 침략과 수탈에 수시로 직면했던 고대 이스라엘의 궁박한 상황, 팔레스타인에 갇혀 미흡한 세계 시민적 이해와 관용 등 오늘의 문화로는 흡수되기 힘든 맥락과 언설이 많다. 그러나 그것은 기록물의 한계이지, 하나님의 한계는 아니다.

2012년 총선 낙선 이후 나는 '천하제일 막말꾼'으로 낙인 박혀 알몸 상태로 저잣거리에 내동댕이쳐졌다. 목사 아들로서, 뉴스 해설가로서 평생 쌓아왔던 나를 형성한 이미지는 순식간에 형해화됐다. 죽는 것보다 못한 삶이란 게 무엇인지 눈에 보였다. 존엄을 상실한 삶이 무엇인지 몸에 엉겼다. 살기로 했기에 지금은 생을 연명하고 이렇게 글을 쓴다. 지금은 노래방의 보너스 타임 같은 '인저리' 인생을 부여받은 중이다. 하나님께 받은 선물 같은 삶을 나는 이렇게 소진하기로 마음먹었다. 인간쓰레기 즉 극혐의 대상으로 몰렸다가 홀로 고립된 사람이 어떻게든 재기하기로 마음먹으면 내 힘이 닿는 수준까지 돕는 삶으로. 이것이 나의 간증이요, 찬송이다.

이 책 나오기까지 도와주신 모든 사람에게 감사의 뜻을 전한다. 혐오 없는 세상을 만들기 위한 모든 노력이 우리 세대에 인권과 평화로써 만개하기를 기원한다. 그리고 그 과실을 후대가 함께 나눠 갖기를 소망한다.

2019년 9월
마포에서 김용민

1부 │ 우리 시대 민낯, 혐오와 차별

우린 모두 난민이었다

11쪽, 김종희, '불법 체류자 짓밟는 자여, 저주가 있을지어다', 〈뉴스M〉 2009. 4. 9

14쪽, 자캐오, '혐오와 차별, 소외와 착취 조장하는 성서 해석은 가짜', 〈뉴스앤조이〉 2017. 5. 23

14쪽, 케네스 리치, 《하나님 체험》 청림, 2011

16-17쪽, 윤세관, 〈한국기독교장로회 총회장 특별 서신〉 2018. 6. 22

17-18쪽, 김형민, '문재인 대통령도 난민의 자식이었다', 〈뉴스톱〉 2018. 6. 20

19쪽, 리얼미터, 제주도 예멘 난민 수용 여론조사, 〈리얼미터〉 2018. 6. 20

차마 동성애는 용서 못한다, 말하기 전에

22-23쪽, 오세라비, "'재기해' '곰' 외치는 페미니즘은 틀렸다", 〈서울신문〉 2018. 7. 13

25-26쪽, 최태육, 〈남북분단과 6·25전쟁 시기(1945-1953) 민간인집단희생과 한국기독교의 관계연구〉 목원대학교 박사학위 논문, 2015

27쪽, 월터 윙크, 《동성애와 기독교신앙》 무지개신학연구소, 2018

하나님 '아버지'는 없다, 젠더혐오를 벗을 때

31쪽, 기무사 '촛불 계엄' 문건, 2018. 7. 6

31-32쪽, 도안구, 페이스북

36-37쪽, 최형묵, 〈난민에 대한 성서적 접근〉, NCCK 인권센터 긴급간담회, '제주의 난민, 무엇이 문제인가?' 2018. 7. 10

돈이 사람을 삼키면

49-50쪽, 김영균, '채무자 괴롭히기', 〈서울경제신문〉 2008. 11. 5

50쪽, 《가톨릭교회 교리서》 2186항

56쪽, 존 스튜어트 밀, 《자유론》(On Liberty, 自由論) 1859

57쪽, 조세희, 〈난장이가 쏘아올린 작은 공〉, 《문학과 지성》 1976

우리에게로 온 예수, 우리에게로 온 난민

60쪽, 박노해, 〈그 겨울의 시〉, 《그러니 그대 사라지지 말아라》 느린걸음, 2010

62쪽, 이현주, 《아, 그렇군요》 신앙과지성사, 2009

64쪽, 홍승헌, 페이스북, 2016. 9. 18

65쪽, 미네르바 구타펠, 《조선의 소녀 옥분이》 살림, 2008

65쪽, 박지형, '하수도는 언제까지 우리의 찌꺼기를 받아들일까', 〈한겨레〉 2016. 8. 6

나에 대한 혐오, 삼겹줄의 힘으로

70쪽, 김용민, '강남대 하면 떠오르는 사람', 〈강남학보〉 2015. 10

72쪽, 야마노키 다케시, 〈인간의 노래〉 가사

72-73쪽, 곽병찬, "부당한 권력에 전하는 '인간의 노래'", 〈한겨레〉 2013. 12. 30

75쪽, 홍순철, "2018 '나 우선주의'의 해", 〈한겨레〉 2018. 12. 21

76, 78쪽, 로버트 그린, 《인간 본성의 법칙》 위즈덤하우스, 2019

77쪽, 표트르 A. 크로포트킨, 《만물은 서로 돕는다》 르네상스, 2005; Mutual Aid, a Factor of Evolution, 1902

79쪽, 프란치스코, '가장 나쁜 노예근성 중 하나는 자기 자신만을 위해 사는 것입니다' 마다가스카르 미사 강론, 2019. 9. 8

야곱의 하나님은 팔레스타인 모슬렘을 짓밟지 않았다

83쪽, 이완배, 《한국 재벌 흑역사》(하), 민중의소리, 2018. 3

86쪽, 전광훈, 대한예수교장로회 사랑제일교회 설교 중 일부, 2019. 7. 28

87쪽, 평화나무 홈페이지에서 반박 내용을 확인할 수 있다. logosian.com

89쪽, 이스라엘 독립 선언서, 위키백과

예수에게 '여친'이 있었다

96쪽, 임태득, 총신대학교 수요채플 설교, 2003. 11. 12

97-100쪽, 김용민, 페이스북

101쪽, 김근수, 《가난한 예수》 동녘, 2017

102-103쪽, 강호숙, 페이스북

103쪽, 평화나무 공개토론, '여성 목사 안수 불허는 성경적인가' 2019. 5. 1.

엘리트 의식 없으면 혐오도 없다

107쪽, 함석헌, '히브리서 강의 5강-고난의 예수', 《성서조선》 1939. 8-9월호

108쪽, 함석헌, 《뜻으로 본 한국역사》 한길사, 2003

110쪽, 서상일, '신좌파 해방론의 엘리트 의식과 대중혐오', 〈오마이뉴스〉 2004. 03. 07

110쪽, 마르쿠제, 《해방론》 울력, 2004

112쪽, 김진홍, 〈출서울기〉와 《새벽을 깨우리로다》 홍성사, 1982

114-115쪽, 김용민, 《살찐 로마서 고쳐 읽기》 이리, 2015

원수를 사랑한다면 북한을 혐오할 수 없다

125쪽, 함석헌, 《뜻으로 본 한국역사》 한길사, 2003

125쪽, 정세현, 한신대학교 신학대학원 목요강좌 '한반도 통일과 교회의 평화', 4강 '한반도 냉전구조 해체 전망과 과제', 2018. 11. 8

126-127쪽, 김성재, 한신대학교 신학대학원 목요강좌 '한반도 통일과 교회의 평화', 2강 '한반도 평

화 프로세스의 성격과 긴 여정', 2018.11.8

전라도, 한국의 갈릴리여

131쪽, 황현,《오하기문》(梧下記聞), 역사비평사, 2016

133쪽, 김용옥, 여순사건 70주기 강연 '도을 말하다! 여순민중항쟁', 여수MBC, 2018.11

134쪽, 김삼웅,《독부 이승만 평전》책보세, 2012

135쪽, 블로거 그노마

136쪽, 정용욱, '정용욱의 21세기 현대사',《한겨레》2019.5.25

140쪽, 정남구,《나는 전라도 사람이다》라의눈, 2018

140쪽, 조정래,《한강》제7권, 해냄, 2002

143쪽, 김의기,〈동포에게 드리는 글〉1980.5.30

143쪽, 문용동, 일기, 1980.5.22

145-147쪽,〈광주 시민혁명에 대한 목포지역 교회의 신앙 고백적 선언문〉목포시 기독교 연합회 비상구국기도회, 1980.5.25

2부 | 시대에 묻다, 교회에 묻다

싸가지 없음도 인정하는 사회

154쪽, 볼리비아 집필자, '구름보다 높은 고지대에서 지내는 법',《깨어라!》2004

154쪽, 김태우,《폭격》창비, 2013

156쪽, 이택환, 페이스북, 2018.6.27

157쪽, '특정 종교 위한 병역거부의 길, 과연 타당한가',〈국민일보〉2018.6.29

가짜 뉴스와 가짜 예언자

162쪽, 오택현, '사회의 잘못된 성역에 대한 도전: 예레미야 7장 1-15절',《기독교사상》대한기독교 서회, 2005.2

164-165쪽, 김용민, "'이명박 두둔' 김장환 목사 사죄하라", 평화나무, 2019.3.12

168-169쪽, 오택현, '사회의 잘못된 성역에 대한 도전: 예레미야 7장 1-15절',《기독교사상》대한기독교서회, 2005.2

사람에 대한 육식을 멈추라

174쪽, 이정모, 이정모의 자연사 이야기, '446km 협곡이 노아의 홍수 때 221일 만에 창조됐다고?',〈중앙일보〉2017.9.17

176쪽, 제레미 리프킨,《육식의 종말》시공사, 2002

스스로 목숨 끊은 사람, 그를 신원한다

181쪽, 김용민, 노회찬 형제 고별예배 설교, 벙커1교회, 2018.7.29

183쪽, 오재식, '어떤 예수의 죽음',《기독교사상》1970.12

185쪽, 안호기, "한국만 늘어가는 '사회적 타살'",〈경향신문〉2014.1.6

191쪽, 김어준, '2007년 일망타진-노회찬을 만나다', 〈딴지일보〉 2007. 5. 2

하나님은 왜 침묵하는가

195쪽, 한용운, 〈님의 침묵〉, 《님의 침묵》 회동서관, 1926

201쪽, 엔도 슈사쿠, 《침묵》 홍성사, 2003

201-202쪽, 김은국, 《순교자》 문학동네, 2010

고난받는 이들의 시편 23편

207쪽, 김요한·김정필, '언론장악의 서막: KBS 정연주 사건', 《대한민국 부당거래》 지식의숲, 2019

210쪽, 문익환, 〈산중 고혼아〉, 1979. 8. 17

211쪽, 김대중, 《인생은 아름답고 역사는 발전한다》 (고)김대중전대통령국장장의위원회편집부, 2009. 7

213-214쪽, 남기업, 페이스북

가짜 종말론 버리고 새 종말론 받자

218-129쪽, 진중권, '폐기되지 않은 시나리오, 지구 종말론', 《한겨레21》 (제853호), 2011. 3. 22

222쪽, 이병학, 《약자를 위한 예배와 저항의 책, 요한계시록》 새물결플러스, 2016

예수는 왜 마구간에 오셨는가

230-231쪽, 류형선, 그의 나라 온 땅에, 〈새 하늘 새 땅 2집〉

자유를 찾아 떠난 모세

242-243쪽, 교우피해진상조사위원회, '진상조사 결과 및 권고', 벙커1교회, 2018. 12. 30

에필로그

258쪽, 김형완, '차별과 혐오, 인권의 패러다임', 《혐오표현의 실태와 대책》 서울대학교 인권센터, 2016. 1. 28

259쪽, 리처드 도킨스, 《만들어진 신》 김영사, 2007

262쪽, 파스칼 메르시어(페터 비에리), 《삶의 격》 은행나무, 2014